LA LANGUE DE

Premier Livre

LA LANGUE DES FRANÇAIS

Premier Livre

by

J. R. WATSON

Illustrated by

A. C. ECCOTT

Nelson

Text © J R Watson 1963
Illustrations © Harrap Ltd 1963

First published by George G Harrap and Co Ltd 1963
ISBN 0-245-53675-2

2nd edition published by Thomas Nelson and Sons Ltd 1985
ISBN 0-17-444421-4

All rights reserved. No part of this publication may be reproduced or transmitted in any form or by any means, electronic or mechanical, including photocopy, recording, or any information storage and retrieval system, without permission in writing from the publisher or under licence from the Copyright Licensing Agency Limited, of Saffron House, 6-10 Kirby Street, London EC1N 8TS.

Any person who commits any unauthorised act in relation to this publication may be liable to criminal prosecution and civil claims for damages.

Reprinted in 2005 by:
Nelson Thornes Ltd
Delta Place
27 Bath Road
CHELTENHAM
GL53 7TH
United Kingdom

12 / 10 9 8 7 6 5

A catalogue record for this book is available from the British Library

ISBN 978-0-17-444421-3

Printed by Multivista Global Ltd.

FOREWORD

Teachers of French have, according to their different posts, a variety of problems to face. Some will be introducing the language to very young beginners, some may wish to do plenty of oral work, others, often for reasons beyond their control, may not.

In planning this course I have tried to bear in mind the needs of all teachers who are preparing pupils for 16+ examinations.

In the opening lessons the amount of grammar covered is small. The teacher starting off young children will find that the pace is slow and gradual and that the repetitive drill ensures a thorough grasp of each point introduced. Those whose teaching follows orthodox classical lines will find all they need in the way of plenty of varied written exercises, while the requirements of the teacher who wishes to adopt an oral approach to the subject are equally catered for in the shape of a reference after each exposition of grammar to one or more of the written exercises suitable for immediate oral practice or to the special set of oral exercises in Appendix A. It should be stressed, however, that the latter are supplementary to the course and that their omission will not cause any break in the continuity of the teaching. The foremost aim of this book, whichever method of using it is adopted, is to ensure the sound knowledge of grammar and syntax which must be the foundation of all successful language study. In the belief that it is better to have too many exercises rather than too few, a wide selection has been given. If teachers find that there is not time to do them all, a compromise can be effected by doing the first or second half of each one.

Apart from several original exercises, two special features have been introduced into this course. The first and most important is the table of daily verb exercises which have been methodically built up on a count of the various difficulties so that those parts of the verb which cause the most trouble occur the greatest number of times. Although they only take up a few minutes at the start of each lesson, they will ensure 'painless' mastery of all the important irregular verbs. The second feature is the one or two line *dictées* in each lesson. These are intended to underline the grammar rules learned and to practise points of special difficulty, while at the same time fulfilling the needs of oral training. It is recommended that they be prepared during one lesson and given in the next. These *dictées*, together with the daily verb test, form a good way of getting each period off to a quick start.

Where possible, all grammar exposition is prefaced by examples taken from the text. In this way, before the teacher commences the explanation, the class can be encouraged to 'discover' from the examples the rule about to be learned.

The vocabulary for this book is based on that of '*le français fondamental*' (*premier degré*) and all new words within this count are listed alphabetically at the start of each lesson under VOCABULAIRE A. Any words outside this list are grouped under VOCABULAIRE B.

Provided that it does not impede comprehension, new grammar material (for example, reflexive verbs) has been introduced freely into the texts well in advance of its explanation as such. In this way, the pupil obtains a subconscious familiarity with it before he or she meets it officially.

In order to help pupils to form correct habits from the start, all obligatory *liaisons* have been marked. Other *liaisons* have also been added where their omission might offend an educated French ear.

At the beginning of each lesson there is a line or two of conversation which, if practised regularly, will give the pupil a good stock of useful phrases. At the end of each lesson is a game which can be used as a profitable occupation for the brighter pupils who finish early and want something to keep them occupied.

FOREWORD

For those teachers who would care to try it, or perhaps a modification of it, here is the way that I myself use the material in each lesson:

1. The new irregular verbs are taught so that the daily verb exercise can be started straight away.
2. The story is read to the class in English (this step would not be necessary with a strong class).
3. The text is read to the class in French and the new vocabulary discussed.
4. New grammar is explained and then tested orally.
5. The text is taken through in more detail with questions. A portion of it is read aloud by the whole class together.
6. The exercises are prepared orally.
7. The exercises are written.

Each new period starts with the daily verb test and the *dictée*, followed by the conversational phrase.

The whole of this course has been used in class for some years and nothing has been included which has not been thoroughly tested.

My sincere thanks are due to all the kind people who have offered many invaluable suggestions. I am especially indebted to the following: Mrs D. M. Ledésert, Mr R. G. Brettell, Mr J. B. Bentley, Mr F. G. S. Parker, and M. Marcel Ferlin who undertook to see that the final manuscript contained no errors in the French.

J. R. W.

Sandhurst

CONTENTS

LESSON	*Introduction of Grammar*	PAGE

1. *LA SALLE DE CLASSE* (1): Alphabet. Gender. Definite Article. Simple Orders. **Qu'est-ce que c'est?**   11

2. *LA SALLE DE CLASSE* (2): Indefinite Article. Questions (Est-ce que?). Plural. Numbers 1–12.   17

3. *LA FERME:* Position. **Qu'est-ce que vous faites?** Colours. Numbers 10–20.   27

4. *LES DUROC:* Agreement of Adjectives. Gender Rule No. 1.   33

5. *L'ANNIVERSAIRE DE ROGER:* Subject Pronouns. Regular Verbs in -er. Negative form. Possession. Numbers 1–50. 'It'.   39

6. *LE JARDIN:* Present Tense of être. Possessive Adjective. **Voilà** and **il y a**.   50

7. *UNE JOURNÉE À LA CAMPAGNE:* Present Tense of avoir. **De**+Definite Article. Common Irregular Plurals. Age. Gender Rule No. 2.   60

8. *EN RETENUE:* **À**+Definite Article. Interrogative Form. Gender Rule No. 3. **Aller**+Infinitive.   71

9. *MAMAN EST MALADE:* Regular Verbs in -ir. Partitive Article.   83

10. *UNE SURPRISE POUR M. GRINCHU:* Regular Verbs in -re. Imperative. Inversion. Gender Rule No. 4.   94

CONTENTS

11. *AU BUREAU DE POSTE* and *CHEZ L'ÉPICIER*: Interrogative and Demonstrative Adjectives. **Pas de.** . . . Gender Rule No. 5. — 106

12. *LA COURSE D'OBSTACLES*: Irregular Feminine of Adjectives. Position of Adjectives. Adverbs. Use of **il y a.** — 118

13. *LE PIQUE-NIQUE*: Conjunctive (Weak) Pronouns (Direct Object). Partitive **de** and Quantity. Questions with a noun subject. — 130

14. *L'INCENDIE*: Cardinal and Ordinal Numbers. The Date. Voici, voilà+Direct Object Pronoun. Adjectives formed from verbs. — 144

15. *LE MOULIN HANTÉ*: Irregular Verbs in -er. Accents. Relative Pronoun (qui and que). On. Regarder, chercher, etc. — 156

16. *AU BOIS DE VINCENNES*: Reflexive Verbs. Time. — 168

17. *LE FACTEUR*: Conjunctive (Weak) Pronouns (Indirect Object). Weather and Seasons. Gender Rule No. 6. — 182

18. *HENRIETTE*: Negatives. **Y.** — 197

Introduction of Verbs

LESSON 5. Regular verbs in -er.
LESSON 6. Être.
LESSON 7. Avoir.
LESSON 8. Aller.
LESSON 9. Regular verbs in -ir. Faire.
LESSON 10. Regular verbs in -re. Vouloir. Pouvoir.
LESSON 11. Dire. Devoir.
LESSON 12. Prendre. Mettre.
LESSON 13. Dormir, partir, sortir, sentir, mentir, servir. Courir.
LESSON 14. Voir. Savoir.
LESSON 15. Jeter, appeler, mener, lever, acheter, espérer.
LESSON 16. Reflexive verbs. Rire.
LESSON 17. Envoyer, essuyer, essayer. Écrire. Recevoir.
LESSON 18. Ouvrir, couvrir, offrir, souffrir. Croire.

Appendices

A. Oral Exercises.	210
B. Notes on Pronunciation.	227
C. Accents, Signs, Punctuation Marks, etc.	229
D. Useful Phrases and Vocabulary for the Classroom.	232
E. List of Regular and Irregular Verbs.	234
VOCABULAIRE: *Français—Anglais*.	239
VOCABULARY: *English—French*.	251

LEÇON UN—PREMIÈRE LEÇON
L'Alphabet Français

The French alphabet, like the English one, has 26 letters:

A	*a*	G	*gé*	N	*enne*	U	*u*
B	*bé*	H	*ache*	O	*o*	V	*vé*
C	*cé*	I	*i*	P	*pé*	W	*double vé*
D	*dé*	J	*ji*	Q	*ku*	X	*iks*
E	*e*	K	*ka*	R	*erre*	Y	*i-grec*
F	*effe*	L	*elle*	S	*esse*	Z	*zède*
		M	*emme*	T	*té*		

LE PROFESSEUR: Épelez « cahier ».
LA CLASSE: C-A-H-I-E-R.
LE PROFESSEUR: Épelez « livre », « stylo », etc.

VOCABULAIRE A

l'ami(e) (*m. or f.*)	friend
aussi	also
bonjour	good morning
la chaise	chair
la classe	class
le crayon	pencil
c'est	it is
est	is
la fenêtre	window
fermez!	shut!
l'homme	man
le livre	book
l'image (*f.*)	picture
mes	my
merci	thank you
montrez!	point to!
oui	yes
ouvrez!	open!
le papier	paper
la plume	pen nib
la porte	door
regardez!	look at!
le stylo	fountain pen
la table	table
le tableau noir	blackboard
touchez!	touch!
voici	here is, here are
voilà	there is, there are

LA LANGUE DES FRANÇAIS

VOCABULAIRE B

le cahier	exercise book	**le pupitre**	desk
la craie	chalk	**la règle**	ruler
épelez!	spell!	**la salle de classe**	class-room
la gomme	rubber		
le professeur	master		

LOCUTIONS

au revoir! good-bye!
qu'est-ce que c'est? what is it?

LA SALLE DE CLASSE (1)

LE PROFESSEUR: Bonjour, mes‿ami(e)s.
LA CLASSE: Bonjour, monsieur (madame, mademoiselle).
LE PROFESSEUR: Regardez l'image. C'est la salle de classe. Regardez le tableau noir. Regardez la fenêtre. Regardez la porte. Regardez aussi la chaise et le pupitre. Montrez la table.

LA CLASSE:	Voilà la table, monsieur.
LE PROFESSEUR:	Épelez « table ».
LA CLASSE:	T-A-B-L-E.
LE PROFESSEUR:	Montrez la chaise.
LA CLASSE:	Voilà la chaise, monsieur.
LE PROFESSEUR:	Épelez « chaise ».
LA CLASSE:	C-H-A-I-S-E.
LE PROFESSEUR:	Montrez l'homme.
LA CLASSE:	Voilà l'homme, monsieur.
LE PROFESSEUR:	Oui, l'homme est le professeur. Fermez le livre. Ouvrez la porte. Merci. Au revoir, mes‿ami(e)s.
LA CLASSE:	Au revoir, monsieur. Merci.

GRAMMAIRE

1. Gender

Regardez *le* tableau noir.
Regardez *la* fenêtre.

In French, things, as well as people and animals, are either *masculine* (HE) or *feminine* (SHE). Thus, a Frenchman looks at his new fountain pen and thinks, "*He* is very nice", or at his chair and says angrily, "*She* is most uncomfortable!". When learning a noun therefore it is very important to learn it together with the article (le or la, the French for *the*). Remember that when a French person hears a foreigner use the wrong gender he considers it a very bad mistake.

2. The Definite Article

THE $\begin{cases} \text{before a masculine word is le.} \\ \text{before a feminine word is la.} \end{cases}$

Here are some *masculine* words:

Voici, Voilà :

le crayon   le stylo   le cahier   le papier

le tableau noir   le pupitre   le livre   le garçon

l'homme, le professeur

NOTE When **le** or **la** comes before a word which starts with a vowel or
h *mute* (silent h), the e and the a are replaced by an apostrophe.

Regardez *l*'image
Voilà *l*'homme

LE PROFESSEUR : Montrez
Regardez
Touchez
Répétez
} le crayon, le stylo, le papier, etc.

PREMIÈRE LEÇON

And now some *feminine* words:

Voici, Voilà:

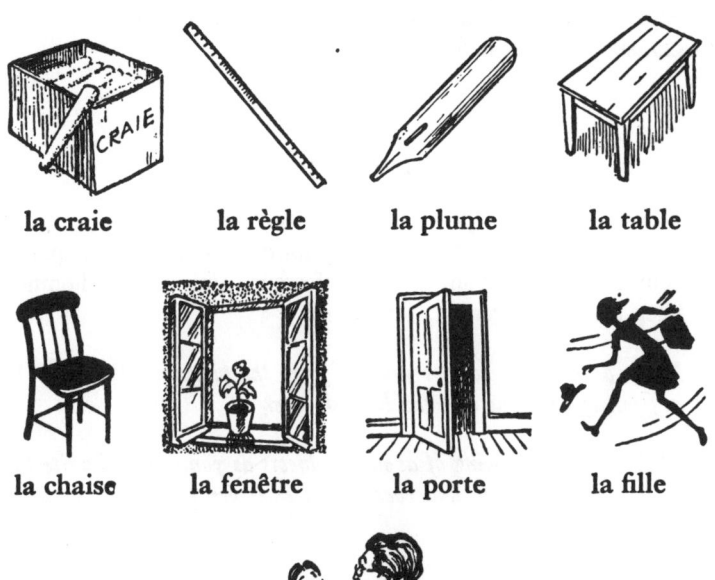

la craie — la règle — la plume — la table

la chaise — la fenêtre — la porte — la fille

la femme, la maîtresse

LE PROFESSEUR : Montrez
Regardez
Touchez
Répétez
} la craie, la règle, la plume, etc.

LE PROFESSEUR : Ouvrez le livre.   Fermez le livre.
Ouvrez la porte.   Fermez la porte.
Ouvrez le cahier.   Fermez le cahier.
etc.

Qu'est-ce que c'est?

LE PROFESSEUR (*montre le livre*): Qu'est-ce que c'est?
LA CLASSE: C'est le livre, monsieur.
LE PROFESSEUR (*montre la fenêtre*): Qu'est-ce que c'est?
LA CLASSE: C'est la fenêtre, monsieur.
                    etc.

EXERCICES

1. *Write* le, la *or* l' *in front of the following nouns:*
cahier, plume, fenêtre, règle, pupitre, chaise, stylo, porte, gomme, livre, crayon, craie, professeur, ami, image, homme, fille, maîtresse, garçon, femme.

2. *Name as many objects as you can from the picture. Put* le *or* la *in front of each one and the English after it.*

3. *Make a quick drawing of as many objects as you can and write the French for each one underneath. (Remember to put* le, la *or* l' *in front of the noun.)*

LEÇON DEUX—DEUXIÈME LEÇON

VOCABULAIRE A

autre	other	**le garçon**	boy
la boîte	box	**la lampe**	lamp
la carte	map, card	**la maîtresse**	mistress
comptez!	count!	**merci**	thank you
dans	in	**la montre**	watch
effacez!	wipe out!	**le mur**	wall
l'élève (*m.f.*)	pupil	**le plancher**	floor
l'enfant (*m.f.*)	child	**le plafond**	ceiling
faites!	make!	**sont**	are
la femme	woman	**terminé**	ended

VOCABULAIRE B

le canif	penknife	**la pendule**	clock
la corbeille à papier	waste paper basket	**le torchon**	duster

LOCUTIONS

asseyez-vous! sit down!
levez-vous! stand up!

LA SALLE DE CLASSE (2)

LE PROFESSEUR: Bonjour, mes enfants.
LA CLASSE: Bonjour, monsieur.
LE PROFESSEUR: Asseyez-vous. Regardez les deux images. Voici deux salles de classe. Dans une salle de classe les élèves sont des garçons et le professeur est un homme. Dans l'autre salle de classe les élèves sont des filles et la maîtresse est une femme. Comptez les garçons.

LA CLASSE : Un, deux, trois, quatre, cinq, six, sept, huit, neuf, dix, onze, douze. Douze garçons, monsieur.
LE PROFESSEUR : Comptez les filles.

DEUXIÈME LEÇON

LA CLASSE:	Une, deux, trois, quatre, cinq, six, sept, huit, neuf, dix, onze, douze. Douze filles, monsieur.
LE PROFESSEUR:	Montrez le professeur.
LA CLASSE:	Voilà le professeur, monsieur.
LE PROFESSEUR:	Montrez la maîtresse.
LA CLASSE:	Voilà la maîtresse, monsieur.
LE PROFESSEUR:	Montrez les garçons et les filles.
LA CLASSE:	Voilà les garçons et voilà les filles, monsieur.
LE PROFESSEUR:	Montrez les_élèves.
LA CLASSE:	Voilà les_élèves, monsieur. Douze garçons et douze filles.
LE PROFESSEUR:	Regardez la porte. Qu'est-ce que c'est ?
LA CLASSE:	C'est_une porte, monsieur.
LE PROFESSEUR:	Regardez le plafond. Qu'est-ce que c'est ?
LA CLASSE:	C'est_un plafond, monsieur.
LE PROFESSEUR:	La classe est terminée. Levez-vous. Ouvrez la porte. Merci. Au revoir, mes_enfants.
LA CLASSE:	Au revoir, monsieur. Merci, monsieur.

GRAMMAIRE

1. THE INDEFINITE ARTICLE

Le professeur est *un*_homme.
La maîtresse est *une* femme.

In the last lesson you learned how to say *the* pencil, *the* ruler (*le* crayon, *la* règle). You must now learn how to say *a* pencil, *a* ruler. Like **le** and **la**, there is one word for the masculine (*UN*) and one for the feminine (*UNE*).

LE PROFESSEUR: Voici, voilà:

un_élève	un professeur	un mur
un garçon	un plancher	un canif
un_homme	un plafond	un torchon

une élève	une salle de classe	une lampe
une fille	une carte	une boîte
une femme	une pendule	une montre
une maîtresse		une corbeille à papier

LE PROFESSEUR: Montrez un garçon.
LA CLASSE: Voici un garçon, monsieur.
LE PROFESSEUR: Montrez une fenêtre.
LA CLASSE: Voilà une fenêtre, monsieur.
etc.

Practise also with: **Regardez! Touchez!**

Qu'est-ce que c'est?

C'est un crayon

C'est un stylo

C'est un cahier

C'est un livre

C'est un canif

C'est un tableau noir

DEUXIÈME LEÇON

C'est‿un pupitre

C'est‿une pendule

C'est‿une chaise

C'est‿une lampe

C'est‿une plume

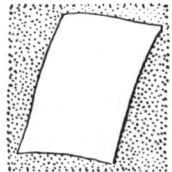

C'est‿un papier

C'est‿une carte

C'est‿une fenêtre

C'est‿une montre

C'est‿une porte

2. QUESTIONS

Est-ce que c'est‿un canif?

To turn a statement (*it is a penknife*) into a question (*is it a penknife?*) simply put **est-ce que** in front of the statement.

LE PROFESSEUR (*montre la lampe*): Est-ce que c'est‿une lampe?
LA CLASSE: Oui, monsieur, c'est‿une lampe.
LE PROFESSEUR (*montre le torchon*): Est-ce que c'est‿un torchon?
LA CLASSE: Oui, monsieur, c'est‿un torchon.
                              etc.

Repeat with the pupils asking the questions.

LE PROFESSEUR (*montre le livre*): Est-ce que c'est‿un cahier?
LA CLASSE: Non, monsieur, c'est‿un livre.
LE PROFESSEUR (*montre le cahier*): Est-ce que c'est‿un livre?
LA CLASSE: Non, monsieur, c'est‿un cahier.

Repeat with the following examples:

Est-ce que c'est‿un‿ homme?

une femme

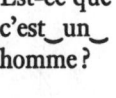
Est-ce que c'est‿une femme?

un homme

Est-ce que c'est‿un garçon?

une fille

Est-ce que c'est‿une fille?

un garçon

DEUXIÈME LEÇON

 Est-ce que c'est une porte?

 Est-ce que c'est une fenêtre?

une fenêtre **une porte**

 Est-ce que c'est une table?

Est-ce que c'est une chaise?

une chaise **une table**

 Est-ce que c'est une carte?

 Est-ce que c'est un tableau noir?

un tableau noir **une carte**

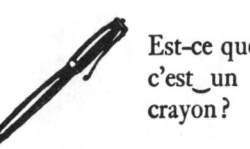 Est-ce que c'est un crayon?

 Est-ce que c'est un stylo?

un stylo **un crayon**

 Est-ce que c'est une pendule?

 Est-ce que c'est une montre?

une montre **une pendule**

3. The Plural

Regardez *les* deux_images.
Les_élèves sont *des* garçons.

To make a word plural in French, add s as we do with most English words: **le canif, *les* canifs**: **la chaise, *les* chaises**. The s on the plural of French words is not sounded, so be very careful to listen to the article (***les*** or ***des***).

Singular	*Plural*
le la, *the*	**les,** *the*
un une, *a*	**des,** *some*

le garçon
un garçon

la fille
une fille

les garçons
des garçons

les filles
des filles

LE PROFESSEUR: Montrez les_élèves.
LA CLASSE: Voici les_élèves, monsieur.
LE PROFESSEUR: Montrez les murs.
LA CLASSE: Voilà les murs, monsieur.
etc.

4. Numbers (1–12)

1	un, une	4	quatre	7	sept	10	**dix**
2	deux	5	cinq	8	huit	11	onze
3	trois	6	six	9	neuf	12	douze

Un, deux, trois, où est le roi?
Quatre, cinq, six, avec son fils.
Sept, huit, neuf, il mange un‿œuf
Dix, onze, douze, sur la pelouse.

LE PROFESSEUR: Comptez les garçons.
Comptez les‿élèves.
Comptez les murs.
    etc.

LE PROFESSEUR: Georges, venez‿ici. Voici une craie. Faites‿un cinq au tableau noir. Merci.
Henri, voici le torchon. Effacez le cinq et faites‿un huit. Merci.
    etc.

Cherchez le crayon

On the same principle as "hunt the thimble", an object is hidden (*un crayon, un canif, un mouchoir, une gomme*, etc.). The class then has to find it.

> Où (*where*) est le crayon?
> Cherchez (*look for*) le crayon.
> Trouvez (*find*) le crayon.
> Froid (*cold*). Tiède (*warm*).
> Chaud (*hot*). Brûlant (*burning*).

EXERCICES

1. *Put* **le, la** *or* **l'** *in front of the following words:*
   livre, élève, plancher, homme, enfant, montre, torchon, plafond, canif, boîte.

2. *Put* **un** *or* **une** *in front of the following words:*
   torchon, carte, maîtresse, livre, mur, pendule, pupitre, fille, lampe, homme, papier, boîte, femme, montre, craie.

3. *Put the following words into the plural:*
   le plancher, la carte, la femme, un stylo, une règle, la table, le professeur, une maîtresse, la porte, un homme.

4. *Name as many objects as you can in the pictures. Put* **un** *or* **une** *in front of each one and the English after it*

5. *Write out the numbers from 1–12.*

LEÇON TROIS—TROISIÈME LEÇON

VOCABULAIRE A

un **âne**	donkey	**devant**	in front of
un **arbre**	tree	**l'eau** (*f.*)	water
blanc	white	la **ferme**	farm
bleu	blue	**gris**	grey
brun	brown	**noir**	black
le **champ**	field	**non**	no
le **chat**	cat	**où?**	where?
le **cheval**	horse	la **poule**	hen
le **chien**	dog	**rouge**	red
le **cochon**	pig	**sous**	under
le **coq**	cock	**sur**	on
dans	in	la **vache**	cow
derrière	behind	**vert**	green

VOCABULAIRE B

le **canard**	duck	la **niche**	kennel

LOCUTIONS

de quelle **couleur** est . . . ?   what is the colour of . . . ?
le canard fait couin! couin!   the duck goes quack! quack!
quelque chose de rouge,   something red.

LA FERME

Voici une ferme. Où est le chien? Le chien est dans la niche. Où est le chat? Le chat est sur le mur. Est-ce que le chat est dans la niche? Non, le chat est sur le mur. Est-ce que le chien est dans l'eau? Non, le chien est dans la niche.

Regardez les poules. Les poules sont devant les cochons. Les cochons sont devant l'âne. L'âne est devant la vache. Où est le cheval? Le cheval est derrière la vache. La vache est derrière l'âne. L'âne est derrière les cochons et les cochons sont derrière les poules.

Comptez les poules. Comptez les cochons. Comptez les canards. Comptez les_arbres dans le champ. Un, deux, trois, quatre, cinq, six, sept, huit, neuf, dix, onze, douze, treize, quatorze, quinze, seize, dix-sept, dix-huit, dix-neuf, vingt. Vingt_arbres dans le champ.

De quelle couleur est le mur? Le mur est rouge. De quelle couleur est la niche? La niche est jaune. De quelle couleur est le cheval? Le cheval est gris. L'âne est brun et le coq est noir.

Le chien fait ouâ-ouâ! Le chat fait miaou! Le canard fait couin-couin! La vache fait meu-eu-eu! La poule fait cot-cot-cot-codète! Le coq fait cocorico! L'âne fait hi-han!

1. Position

Dans Le chien est dans la niche.
Les canards sont dans l'eau.
Les‿arbres sont dans le champ.
Les‿élèves sont dans la salle de classe.

Où est le chien? etc.

Sur Le chat est sur le mur.
L'homme est sur la chaise.
La femme est sur la chaise.
Le coq est sur la niche.

Où est le chat? etc.

Sous La femme est sous l'arbre.
L'homme est sous l'arbre.

Où est la femme? etc.

Devant Les poules sont devant les cochons.
Les cochons sont devant l'âne.
L'âne est devant la vache.
La vache est devant le cheval.

Où sont les poules? etc.

Derrière Le cheval est derrière la vache.
La vache est derrière l'âne.
L'âne est derrière les cochons.
Les cochons sont derrière les poules.

Où est le cheval? etc.

Entre Les cochons sont‿entre les poules et l'âne.
L'âne est‿entre les cochons et la vache.
La vache est‿entre l'âne et le cheval.

Où sont les cochons? etc.

Où est le crayon?

LE PROFESSEUR : Voici un crayon et voici une boîte.
Placez le crayon dans la boîte.
Placez le crayon sous la boîte.
Placez le crayon devant la boîte.

                  etc.

Où est le crayon?

2. QUESTION AND ANSWER

Qu'est-ce que vous faites?

Repeat after the teacher:

Je montre le garçon (la fille).
Je montre le plafond.
Je montre le plancher.

                  etc.

LE PROFESSEUR : Montrez le garçon. Qu'est-ce que vous faites?
LA CLASSE :   Je montre le garçon, monsieur.

                etc.

Repeat with **regardez, touchez, ouvrez, fermez, comptez**.
Repeat with the animals and objects in the picture.

3. COLOURS (*les couleurs*)

LE PROFESSEUR : Je touche quelque chose de bleu.
Je touche quelque chose de rouge.

                etc.

LE PROFESSEUR : Touchez quelque chose de bleu. Qu'est-ce que vous faites?
LA CLASSE :   Je touche quelque chose de bleu, monsieur.

                etc.

LE PROFESSEUR : Regardez l'image. De quelle couleur est le mur?
LA CLASSE :   Le mur est rouge, monsieur.

                etc.

4. Numbers (*les nombres*) 10–20

10 **dix**	14 **quatorze**	17 **dix-sept**
11 **onze**	15 **quinze**	18 **dix-huit**
12 **douze**	16 **seize**	19 **dix-neuf**
13 **treize**		20 **vingt**

EXERCICES

1. *Put the following words into the plural:*
   Un âne, une vache, le mur, la niche, un canard, un arbre, le cochon, le coq, une poule, le chien, un homme, une femme, l'image, le chat, la ferme.

2. *Make the following statements into questions by putting* **Est-ce que** *in front of them:*
   (1) Le chat est sur le mur.   (2) Les canards sont blancs.   (3) Je touche le pupitre.   (4) Je ferme le livre.   (5) Les cochons sont devant l'âne.

3. *Look at the picture of the farm and try to answer these questions in French:*
   (1) Où est le chien?
   (2) Où est le coq?
   (3) Où est la vache?
   (4) Où est l'âne?
   (5) Où sont l'homme et la femme?
   (6) Où sont les canards?
   (7) Où sont les poules?
   (8) Où sont les arbres?

4. Où est le crayon?

 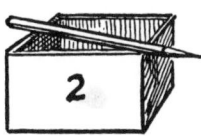 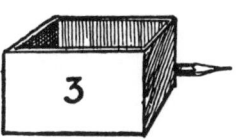

5. *Write out the numbers from 10 to 20.*

6. *Name as many animals and objects as you can in the picture. (Don't forget to put* **le, la** *or* **l'** *in front of each one.)*

NOTE If it is wished to colour the picture, the following scheme should be observed in order to fit in with the text:

trees:	brown and green	horse:	grey
wall:	red	donkey:	brown
cock:	black	pigs:	white
kennel:	yellow	hens:	black
water:	blue	cow:	black
cat:	grey	dog:	brown
	duck: white		

LEÇON QUATRE—QUATRIÈME LEÇON

LE PROFESSEUR: Bonjour, mes_élèves.
LA CLASSE: Bonjour, monsieur.
LE PROFESSEUR: Comment_allez-vous?
LA CLASSE: Je vais très bien, merci, monsieur.

VOCABULAIRE A

il a	he has	une oreille	ear
la bouche	mouth	un os	bone
la chaussette	sock	la patte	paw
la chemise	shirt	petit	small, little
les cheveux (*m.*)	hair	il porte	he wears
le chien	dog	quelquefois	sometimes
la cravate	tie	la queue	tail
la culotte	trousers (short)	la robe	dress
la dent	tooth	le soulier	shoe
grand	large, big	souvent	often
méchant	naughty	le travail	work
le nez	nose	les yeux (*m.*)	eyes
un œil	eye		

VOCABULAIRE B

elle adore	she loves	la poupée	doll
il déteste	he hates	sage	good (behaviour)

LOCUTIONS

comment allez-vous, how are you?
je vais très bien, I am very well

LES DUROC

Voici Roger Duroc.
Roger est un garçon.
Il a les cheveux bruns.
Il a un petit nez.
Il a une grande bouche.
Il porte une cravate bleue.
Il porte une chemise blanche.
Il porte une culotte grise.
Il porte des chaussettes vertes.
Il porte des souliers noirs.
Il déteste le travail.
Il est quelquefois sage et quelquefois méchant.

Voici Françoise Duroc.
Françoise est une fille.
Elle a les cheveux noirs.
Elle a les yeux bleus.
Elle a une petite bouche.
Elle a les dents blanches.
Elle porte une robe jaune.
Elle porte des chaussettes jaunes aussi.
Elle porte des souliers rouges.
Elle adore les poupées.
Elle est quelquefois sage et quelquefois méchante.

QUATRIÈME LEÇON

Voici Toutou (Duroc)
Toutou est un petit chien blanc.
Il a une oreille blanche et une oreille noire.
Il a un œil blanc et un œil noir.
Il a quatre pattes blanches.
Il a une petite queue blanche.
Il adore les os.
Il est souvent méchant.

PHRASES À RÉPÉTER

Roger est un garçon.
Françoise est une fille.
Roger a les cheveux bruns.
Françoise porte une robe jaune.

GRAMMAIRE

1. AGREEMENT OF ADJECTIVES

In French adjectives have to agree with the noun they are describing, that is, they have to become FEMININE if they are describing a FEMININE NOUN and PLURAL if they are describing a PLURAL NOUN. To make these changes the following additions are made to the masculine singular:

Masculine		Feminine	
Singular	*Plural*	*Singular*	*Plural*
No change	-s	-e	-es

Look at the adjectives in the following examples:

Toutou est un chien blanc.
Roger porte une cravate bleue.
Il porte des souliers noirs.
Il porte des chaussettes vertes.

Chien is *masculine* and *singular*	NO CHANGE
Cravate is *feminine* and *singular*	ADD -e
Souliers is *masculine* and *plural*	ADD -s
Chaussettes is *feminine* and *plural*	ADD -es

NOTE 1 If an adjective already ends in an **e** in the masculine singular (rouge, jaune) no extra **e** is added for the feminine singular.

      le mur jaun*e*   *la* chaussette jaun*e*

NOTE 2 Adjectives are generally placed *after* the noun in French, except a few common ones like **petit** and **grand**. This will be dealt with later on.

NOTE 3 Blanc, white, has an irregular feminine, blanche.

2. Gender Rule No. 1

The best way of remembering the gender of a French noun is to learn it together with its article. Thus, never learn **chaise** (*feminine*) but **la chaise** or **une chaise**. If possible, try to remember a noun and an adjective together. For example, if you remember **une chemise blanche** you will always know that the word **chemise** is *feminine*.

However, if you cannot remember the gender of a noun, it is more likely to be FEMININE than masculine if it ends in an **e** *mute* (*silent* **e**). This is not a rule, but only a rough guide. There are many nouns ending in -e which are masculine, and it is a good idea to write them down on a separate page as you meet them. Here are two to start with: *le* **pupitre**, *le* **livre**.

EXERCICES

1. *Answer the following questions in French:*

   (*Example: Question:* **Est-ce que Roger est un garçon?**
             Answer: **Oui, Roger est un garçon.**)

  (1) Est-ce que Roger a les cheveux bruns?
  (2) Est-ce qu'il a un petit nez?
  (3) Est-ce qu'il a une grande bouche?

(4) Est-ce qu'il est quelquefois méchant?
(5) Est-ce qu'il déteste le travail?
(6) Est-ce que Françoise adore les poupées?
(7) Est-ce que Toutou est un petit chien blanc?
(8) Est-ce qu'il a une oreille blanche et une oreille noire?
(9) Est-ce qu'il adore les os?
(10) Est-ce qu'il est souvent méchant?

2. *Copy out the following sentences, putting in the missing letters:*
(1) Le garçon est pet . . et la fille est pet . . .
(2) Le mur est gri . et la fenêtre est gri . .
(3) Le crayon est roug . et la gomme est roug .
(4) Le livre est ver . et la fenêtre est ver . .
(5) Le cahier est ble . et la craie est ble . .
(6) Le chien est blan . et la queue est blan . . .
(7) Le plancher est jaun . et la règle est jaun .
(8) Le soulier est noi . et la chaussette est noi . .
(9) L'œil est gri . et la culotte est gri . .
(10) Le plancher est bru . et la boîte est bru . .

3. *Answer the following questions in French:*
(1) De quelle couleur est la culotte de Roger?
(2) De quelle couleur est le chien Toutou?
(3) De quelle couleur est la robe de Françoise?
(4) De quelle couleur est la queue de Toutou?
(5) De quelle couleur est la porte de la salle de classe?
(6) De quelle couleur sont les cheveux de Roger?
(7) De quelle couleur sont les chaussettes de Roger?
(8) De quelle couleur sont les yeux de Françoise?
(9) De quelle couleur sont les cheveux de Françoise?
(10) De quelle couleur sont les pattes de Toutou?

4. *Take away the brackets and make the adjectives agree:*
(1) Les yeux sont (noir). (2) La cravate est (bleu). (3) Les dents sont (blanc). (4) La culotte est (gris). (5) La bouche est (grand). (6) Les robes sont (vert). (7) La queue est (petit).

(8) La chaussette est (blanc). (9) La maison est (grand). (10) Les chemises sont (jaune).

5. *Put into the plural:*
    (1) Le soulier noir. (2) Le petit chien. (3) La grande fenêtre. (4) Un stylo rouge. (5) La craie blanche.

6. *Put into the singular:*
    (1) Des livres verts. (2) Les petits cahiers. (3) Des gommes rouges. (4) Les portes vertes. (5) Des queues blanches.

7. *Translate into French:*
    (1) The boy has *black hair. (2) He wears a green tie. (3) Françoise dislikes *work. (4) Toutou is sometimes naughty. (5) The mistress wears a blue dress. (6) The window is brown. (7) The doors are green. (8) The dog has one black eye. (9) Roger hates *dolls. (10) The socks are yellow.

Attention! (Be careful!)

Jeu (Game)

Jumbled words. Can you find these in the classroom?

(1) LUNDEPE
(2) MEGOM
(3) CHALPREN
(4) FLOPAND
(5) PLEMA
(6) LYTOS
(7) TRUPEPI
(8) SECHIA
(4) TRENEFE
(10) ICOBRELLE

LE PROFESSEUR: La classe est finie. Au revoir mes_enfants. À demain. (À la prochaine fois.)
LA CLASSE: Au revoir, monsieur. Merci, monsieur.

LEÇON CINQ—CINQUIÈME LEÇON

LE PROFESSEUR: Bonjour, mes_élèves.
LA CLASSE: Bonjour, monsieur.
LE PROFESSEUR: Comment_allez-vous?
LA CLASSE: Je vais très bien, merci, monsieur.

VOCABULAIRE A

aider	to help	mon	my
aimer	to like	papa	daddy
un an	year	le paquet	parcel
après	after	partout	everywhere
assis	seated, sitting	passer	to spend
aujourd'hui	to-day	le petit déjeuner	breakfast
un avion	aeroplane	qu'est-ce que?	what?
la balle	ball	la radio	radio
le bateau	boat	sa	his, her
beaucoup	many, a lot, much	seulement	only
chercher	to look for	si	so
combien	how many	la sœur	sister
couper	to cut	le soldat	soldier
demander	to ask	très	very
l'enfant (*m.f.*)	child	trouver	to find
la ficelle	string	le voisin	neighbour
gros	large	la voiture	car
maman	mummy		

VOCABULAIRE B

un anniversaire	birthday	le pistolet	pistol
le cadeau	present	le plumier	pencil-box
la locomotive	engine	la poupée	doll
mécanique	mechanical	la souris	mouse
le piano	piano	stupide	stupid

LOCUTIONS

ça fait, that makes.
il a onze ans, he is eleven years old.
il y a, there is, there are

L'ANNIVERSAIRE DE ROGER

Aujourd'hui c'est l'anniversaire de Roger. Il a onze ans. Après le petit déjeuner il ouvre les paquets avec Françoise, sa sœur. Il a beaucoup de cadeaux. Il a douze cadeaux. Toutou aide les‿enfants. Les‿anniversaires sont très‿amusants. Roger coupe la ficelle d'un gros paquet.

— Qu'est-ce que c'est? demande sa sœur.
— Oh, c'est‿un bateau! dit Roger. C'est le cadeau de papa.
— Où est le cadeau de maman? Regarde les cartes, Roger. Roger regarde les cartes.
— Voilà. Dans le papier vert.
— Qu'est-ce que c'est? demande sa sœur.

Roger coupe la ficelle et ouvre le paquet vert. Les‿enfants regardent la boîte. Dans la boîte il y a une locomotive. Françoise n'aime pas les locomotives. Elles sont pour les garçons. Elle aime les poupées. Mais Roger n'aime pas les poupées. « Elles sont pour les filles, dit-il, elles sont stupides! »

— Voici mon cadeau, dit Françoise.
— Qu'est-ce que c'est? demande Roger.
— Ouvre le paquet.

Roger ouvre le paquet. C'est‿une petite souris grise. Une petite souris mécanique.

— Merci beaucoup, Françoise, dit Roger.
— Compte les cadeaux, Roger, dit sa sœur.

CINQUIÈME LEÇON

Roger compte les cadeaux.

— Un, le bateau, deux, le pistolet, trois, l'avion, quatre, la locomotive, cinq, la balle, six, les soldats, sept, la souris grise, huit, la voiture, neuf, le stylo, dix, le livre, onze, le plumier....

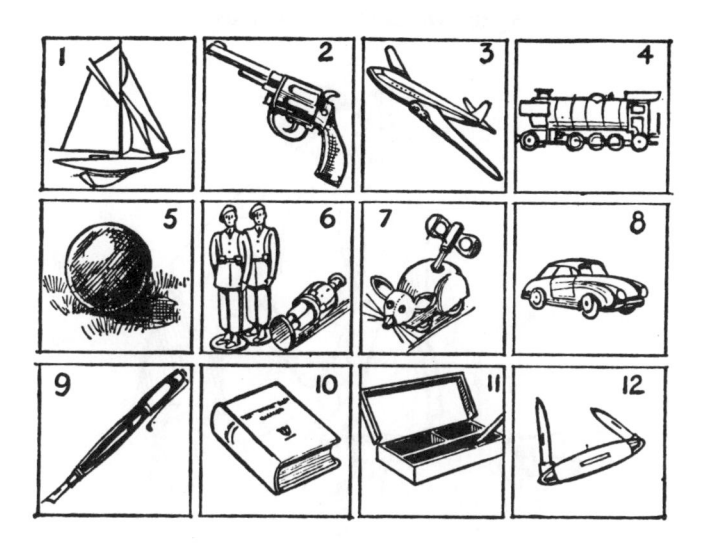

— Mais le canif, dit Françoise, où est le canif? Le cadeau de grand-père?

Oui. Où est le cadeau de grand-père? Dans la boîte? Non, il n'est pas là. Derrière la radio? Non, il n'est pas là. Sur le piano? Non, il n'est pas là. Devant la pendule? Non, il n'est pas là. Les‿enfants cherchent partout. Ils ne trouvent pas le canif.

— Regarde sous Toutou, dit Françoise.

Toutou! Est-ce qu'il est‿assis sur le canif? Les‿enfants regardent sous le petit chien. Oui! Le canif est là! Méchant Toutou! Toutou regarde les‿enfants. Les‿anniversaires sont si amusants!

— Et ça fait douze, dit Roger.

Roger et Françoise passent un bon‿anniversaire avec les douze cadeaux.

PHRASES À RÉPÉTER

Roger a beaucoup de cadeaux.
Il coupe la ficelle.
Roger n'aime pas les poupées.
Les_anniversaires sont si amusants.

Saynète (Playlet)

L'Anniversaire de Roger

(*C'est_aujourd'hui l'anniversaire de Roger. Il ouvre les paquets avec Françoise, sa sœur.*)

ROGER: Voici un gros paquet.
FRANÇOISE: Qu'est-ce que c'est?
ROGER (*ouvre le paquet*): Oh, c'est_un bateau!
FRANÇOISE: C'est le cadeau de papa.
ROGER: Où est le cadeau de maman?

FRANÇOISE: Regarde les cartes.
ROGER (*regarde les cartes*): Voilà. Dans le papier vert.
FRANÇOISE: Coupe la ficelle, Roger. (*Roger coupe la ficelle.*) Qu'est-ce que c'est?
ROGER: Regarde, Françoise, c'est‿une locomotive!
FRANÇOISE: Je n'aime pas les locomotives. J'aime les poupées.
ROGER: Les poupées sont stupides. Elles sont pour les filles.
FRANÇOISE: Voici mon cadeau.
ROGER: Qu'est-ce que c'est?
FRANÇOISE: C'est‿une petite souris grise. Une souris mécanique.
ROGER: Merci beaucoup, Françoise.

GRAMMAIRE

1. The Subject Pronoun

je*	I	**nous**	we
tu	you	**vous**	you
il, elle	he, she (it)	**ils, elles**	they

* The e is left off before a vowel: *j*'aime, I like.

NOTE Use **vous** for *you* unless you are speaking to someone in the family, to a very great friend, or to an animal, when you use **tu**.

2. Regular Verbs in -ER

Donner is a model of the first group or conjugation. As there are over 4,000 verbs like this one it is very important!

To form the present tense of 1st conjugation verbs:

1. Take the infinitive (the "name" of the verb as you find it in the vocabulary) which, in the case of first conjugation verbs, ends in -ER, *e.g.*, **donner,** to give.

2. Remove the infinitive ending **-er** to get the stem, **donn-**.

3. On to the stem add the following endings: **-e, -es, -e, -ons, -ez, -ent.**

Donner, *to give*

je donn-e	I give, I am giving
tu donn-es	you give, you are giving
il, elle donn-e	he, she gives, is giving
nous donn-ons	we give, we are giving
vous donn-ez	you give, you are giving
ils, elles donn-ent	they give, they are giving

NOTE 1 There is only one form of the present tense in French, so **je donne** can mean *I am giving* as well as *I give*.

NOTE 2 With verbs which end in -cer and -ger (like **commencer,** *to begin,* and **manger,** *to eat*) a slight spelling change is made in the first person plural.

        nous commençons   nous mangeons

Other verbs conjugated like **donner:**

*aider, *to help*	trouver, *to find*
aimer, *to like*	montrer, *to show*
chercher, *to look for*	toucher, *to touch*
regarder, *to look at*	passer, *to pass*
commencer, *to begin*	manger, *to eat*

* The stem is printed in black to help you.

(*Voir les exercices A, B, C, page* 210.)

3. The Negative

Ils *ne* trouvent *pas* le canif

To make any verb negative (*not*) put **ne** before the verb and **pas** after it.

Roger mange la souris	Roger eats the mouse
Roger *ne* mange *pas* la souris	Roger *does not* eat the mouse

NOTE The **e** of **ne** is dropped before a vowel:

        Roger *n'*aime pas les poupées.

(*Voir les exercices* 5, 6, *pages* 46–47 *et D, E, page* 210, 211.)

CINQUIÈME LEÇON

4. Possession

L'anniversaire *de* Roger

In English, to show the owner or possessor of something we use the possessive case: Roger's birthday. *There is no such ending in French*, so one cannot write 's at the end of a word. *The order of the words has to be changed.*

    Roger's birthday   becomes   The birthday *of* Roger
              L'anniversaire *de* Roger

(*Voir les exercices* 7, 8, *page* 47 *et* F, *page* 211.)

5. Numbers (*les nombres*) 1–50

1	un, une	11	onze	20	vingt
2	deux	12	douze	21	vingt et un
3	trois	13	treize	22	vingt-deux
4	quatre	14	quatorze	30	trente
5	cinq	15	quinze	31	trente et un
6	six	16	seize	32	trente-deux
7	sept	17	dix-sept	40	quarante
8	huit	18	dix-huit	41	quarante et un
9	neuf	19	dix-neuf	42	quarante-deux
10	dix			50	cinquante

6. It

Où est le canif? *Il* n'est pas là.

When a thing has just been mentioned, *it* must be translated as *he* or *she* (il, elle).

(*Voir l'exercice* 9, *page* 47.)

EXERCICES

1. *Write out in full the present tense of:*
   (*a*) Je coupe la ficelle.
   (*b*) Je ne trouve pas le paquet.

2. *Put in the correct pronoun:*
    (1) —— touchons
    (2) —— regardez
    (3) —— aime
    (4) —— cherches
    (5) —— passent
    (6) —— aide
    (7) —— trouvez
    (8) —— touches
    (9) —— montrons
    (10) —— passez

3. *Put the right ending on the verb:*
    (1) Vous aim——
    (2) Ils trouv——
    (3) Elle montr——
    (4) Nous aid——
    (5) Elles aim——
    (6) Nous cherch——
    (7) Tu pass——
    (8) Vous touch——
    (9) Nous pass——
    (10) Ils cherch——

4. *Answer the following questions in the affirmative (starting with Oui, ...):*
    (1) Est-ce que c'est aujourd'hui l'anniversaire de Roger?
    (2) Est-ce que Roger a beaucoup de cadeaux?
    (3) Est-ce que les anniversaires sont amusants?
    (4) Est-ce que Toutou aide les enfants?
    (5) Est-ce que Françoise aime les poupées?
    (6) Est-ce que les poupées sont pour les filles?
    (7) Est-ce que les enfants cherchent le canif partout?
    (8) Est-ce que les enfants regardent sous Toutou?
    (9) Est-ce que Toutou est assis sur le canif?
    (10) Est-ce que Roger et sa sœur passent un bon anniversaire?

5. *Put into the negative* (ne ... pas):
    (1) Les enfants trouvent le canif.
    (2) Nous touchons le plafond.
    (3) Vous coupez le livre.
    (4) Ils mangent la souris.
    (5) Le canif est derrière la pendule.
    (6) Nous cherchons le cadeau.
    (7) Ils regardent les poupées.

CINQUIÈME LEÇON

(8) Vous aidez papa.
(9) Nous commençons le travail.
(10) C'est l'anniversaire de Toutou.

6. *Answer the following questions in the negative (starting with* **Non, . . .**)*:*
    (1) Est-ce que les poupées sont pour les garçons?
    (2) Est-ce que les locomotives sont pour les filles?
    (3) Est-ce que les enfants trouvent le canif sur le piano?
    (4) Est-ce que Françoise aime les locomotives?
    (5) Est-ce que c'est l'anniversaire de Françoise?

7. *Rewrite each sentence in the form:* **C'est — de —**:
    (*Example:* **Roger a un livre. C'est le livre de Roger.**)
    (1) Françoise a une règle.   (6) Roger a un bateau.
    (2) Roger a un canif.   (7) Toutou a un os.
    (3) Toutou a une queue.   (8) Françoise a une poupée.
    (4) Maman a une robe.   (9) Maman a un torchon.
    (5) Papa a un crayon.   (10) Papa a un stylo.

8. *Translate into French:*
    (1) Roger's book. (2) Françoise's doll. (3) Toutou's bone. (4) Mummy's dress. (5) Toutou's tail. (6) Daddy's fountain pen. (7) Roger's boat. (8) Françoise's ruler. (9) Daddy's penknife. (10) Mummy's present.

9. *Replace the words in italics by a pronoun* (**il, elle, ils, elles**)*:*
    (1) *La locomotive* est rouge.
    (2) *Les paquets* sont verts.
    (3) *Les filles* n'aiment pas les locomotives.
    (4) *Roger* ouvre les boîtes.
    (5) *Les anniversaires* sont amusants.

10. *Write out the numbers from* 1 *to* 50.

11. *Translate into French:*
    (1) We do not find the dog.

(2) *Engines are for *boys.
(3) The children are not stupid.
(4) The penknife is not behind the clock.
(5) Roger does not like *dolls.
(6) *Birthdays are very amusing.
(7) The boys look *for the penknife.
(8) Françoise does not cut the string.
(9) You touch the little mouse.
(10) Where is *Roger's present?

* *Attention!*

Jeu

Mots brouillés (*jumbled words*). Roger's birthday presents have got a bit mixed up. Can you sort them out?

(1) BELAL
(2) VINOA
(3) SLOTTIPE
(4) ERUTIVO
(5) USSIRO
(6) LIREMUP
(7) FINAC
(8) DASTOLS
(9) ATEBUA
(10) COVOLIMETO

Verbes Quotidiens (Daily Verbs)

NOTE The following suggestions are offered for the use of the daily verb test.

One of the numbered groups of verbs is done in each period. As soon as the class has finished writing the verbs, the answers are put on the blackboard and corrected by the pupils. The English can be added if wished, but a quicker method is for the class to say the English for each verb when the teacher writes it on the board.

1. il (**regarder**)
vous (**montrer**)
tu (**chercher**)
elle (**passer**)
ils (**commencer**)

2. nous (**trouver**)
elle (**toucher**)
ils (**passer**)
tu (**compter**)
vous (**manger**)

3. je (aider)
   elles (commencer)
   il (chercher)
   nous (montrer)
   elle (regarder)

4. nous (compter)
   ils (passer)
   vous (toucher)
   tu (aimer)
   elle (regarder)

5. elles (montrer)
   je (aimer)
   il (toucher)
   ils (compter)
   nous (commencer)

6. vous (regarder)
   tu (manger)
   nous (toucher)
   je (aider)
   il (passer)

7. elle (aider)
   vous (chercher)
   tu (regarder)
   je (aimer)
   ils (passer)

8. nous (trouver)
   elle (montrer)
   ils (passer)
   je (aider)
   vous (manger)

9. je (aimer)
   elles (trouver)
   il (compter)
   nous (commencer)
   elle (passer)

10. nous (compter)
    ils (trouver)
    elle (montrer)
    vous (passer)
    tu (toucher)

LEÇON SIX—SIXIÈME LEÇON

LE PROFESSEUR: Bonjour, mes_élèves.
LA CLASSE: Bonjour, monsieur.
LE PROFESSEUR: Comment_allez-vous ce matin?
LA CLASSE: Je vais très bien, merci, monsieur. Et vous?
LE PROFESSEUR: Je vais très bien, merci.

VOCABULAIRE A

à Paris	in Paris	joli	pretty
arriver	to arrive	jouer	to play
avec	with	mais	but
bon	good	manger	to eat
le chat	cat	la maison	house
comme	like	même	same
content	pleased	la mère	mother
cultiver	to grow	planter	to plant
des	of the, some	pleurer	to cry
il dit	he says	poser	to put
donner	to give	pour	for
la fleur	flower	quand	when
le frère	brother	qui	who
habiter	to live	la semaine	week
l'herbe (*f.*)	grass	la terre	earth
le jardin	garden	le trou	hole

VOCABULAIRE B

arroser	to water	paresseux	lazy
fâché	angry	la pelouse	lawn
la fontaine	fountain	le vase	vase
la niche	kennel		

LOCUTION
s'il vous plaît, please.

SIXIÈME LEÇON

LE JARDIN

Monsieur Duroc est le père de Roger et de Françoise. Madame Duroc est la mère. Roger est le frère de Françoise et Françoise est la sœur de Roger. Il est son frère et elle est sa sœur. Les Duroc habitent une jolie maison à Paris. Derrière la maison il y a un grand jardin avec une pelouse verte.

Dans le jardin Toutou a aussi sa petite maison, une niche. Elle est très confortable. Il mange son‿os dans sa niche. Les‿enfants aident monsieur Duroc dans le jardin, mais Roger n'aime pas le travail. Non, il est paresseux. Il déteste le travail. Toutou aime beaucoup le jardin de monsieur Duroc, où il joue sur l'herbe avec sa petite balle.

Monsieur Duroc cultive des fleurs. Quand‿il plante ses fleurs dans la terre Toutou arrive avec son‿os.
— Voilà mon‿os, dit Toutou. Plantez mon‿os dans le même trou aussi, s'il vous plaît!

Toutou est très content quand‿il aide monsieur Duroc. Après‿une semaine dans la terre les‿os sont très bons!

Quelquefois les‿autres chiens trouvent les‿os de Toutou et il n'est pas content. Oh, non! Toutou est très fâché! Il est fâché aussi quand Minet joue avec sa petite balle. (Minet est‿un gros chat noir. Il habite dans la maison des voisins, monsieur et madame Dupont.) Toutou déteste Minet et Minet déteste Toutou. Non, Toutou et Minet ne sont pas‿amis!

Souvent monsieur Duroc donne des fleurs à madame Duroc. Elle place les fleurs dans‿un vase et pose le vase sur une table. *Il est très joli.

Monsieur Duroc arrose les fleurs dans son jardin. Quelquefois, quand papa ne regarde pas, Roger arrose Françoise. Roger n'est pas sage. Non, il est méchant. Françoise n'est pas contente. Elle pleure. Elle pleure comme une fontaine. Et quand‿elle pleure, elle aussi arrose les fleurs!

* *How can you tell whether it is the table or the vase which is pretty?*

SIXIÈME LEÇON

PHRASES À RÉPÉTER

Roger n'aime pas le travail.
Monsieur Duroc cultive des fleurs.
Toutou déteste Minet.
Françoise pleure comme une fontaine.

GRAMMAIRE

1. Present Tense of être, to be

Affirmative

je	suis	I am
tu	es	you are
il	est	he is
elle	est	she is
nous	sommes	we are
vous	êtes	you are
ils	sont	they are
elles	sont	

Negative

je ne suis pas	I am not
tu n'es pas	you are not
il n'est pas	he is not
elle n'est pas	she is not
nous ne sommes pas	we are not
vous n'êtes pas	you are not
ils ne sont pas	they are not
elles ne sont pas	

(*Voir les exercices A, B, page* 211)

2. The Possessive Adjective

This adjective is used to indicate the possessor or owner of something:

    my book   *his* brother   *your* father

Like all other adjectives in French, it has to agree with the noun which it describes. Here is the full table.

	Singular		Plural
	Masc.	*Fem.* 1	*Masc. & Fem.* 2
1 my	mon	ma	mes
2 your	ton	ta	tes
3 his, her	son	sa	ses
	Masc. & Fem. 3		*Masc. & Fem.* 4
1 our	notre		nos
2 your	votre		vos
3 their	leur		leurs

1. ONE person has ONE thing

   mon ⎫
   ton ⎬ nez
   son ⎭

   ma ⎫
   ta ⎬ bouche
   sa ⎭

2. ONE person has TWO (or more) things

   mes ⎫
   tes ⎬ yeux
   ses ⎭

3. TWO (or more) people have ONE thing

   notre ⎫
   votre ⎬ salle de classe
   leur ⎭

4. TWO (or more) people have TWO (or more) things

   nos ⎫
   vos ⎬ voisins
   leurs ⎭

NOTE 1 When a noun begins with a *vowel* or *h mute* the MASCULINE form is always used, ***even if the word is feminine.***

   mon‿oreille   ton‿oreille   son‿oreille

NOTE 2 (*Careful!*)

   son frère means *his* brother OR *her* brother
   sa sœur means *her* sister OR *his* sister

The possessive adjective agrees with the noun *after* it and not with the *owner*.

(*Voir les exercices* 8, *page* 57 *et* C, D, *page* 212.)

3. Voilà AND Il y a

Voilà mon‿os, dit Toutou.
Derrière la maison *il y a* un grand jardin.

Voilà and il y a both mean *there is* or *there are*.
Voilà is used when *pointing* to something.
Il y a is used when *making a statement* about something.

(*Voir les exercices* 10, *page* 58 *et* E, *page* 212.)

EXERCICES

1. *Reply in French to these questions:*
    (1) Qui est le père de Roger et de Françoise?
    (2) Qui est la mère de Roger?
    (3) Qui est le frère de Françoise?
    (4) Qui est la sœur de Roger?
    (5) Qui est le chien de monsieur et madame Duroc?
    (6) Qui est le chat de monsieur et madame Dupont?
    (7) Qui n'aime pas le travail?
    (8) Qui plante un os dans le trou?
    (9) Qui cultive des fleurs?
    (10) Qui donne des fleurs à madame Duroc?

2. *Reply in French to these questions:*
    (1) Où est le jardin de monsieur Duroc?
    (2) Où est la niche de Toutou?
    (3) Où est-ce que Toutou joue?
    (4) Où est-ce que Toutou mange son os?
    (5) Où est-ce que monsieur Duroc plante ses fleurs?
    (6) Où est-ce que Toutou plante son os?

(7) Où est-ce que madame Duroc place les fleurs?
(8) Où est-ce qu'elle pose le vase?
(9) Où êtes-vous?
(10) Où sont les autres élèves?

3. *Reply in French to these questions :*
   (*Example :* Comment est la balle de Toutou? (*petit*)
   La balle de Toutou est petite.)
   (1) Comment est la maison de monsieur Duroc? (*joli*)
   (2) Comment est le jardin? (*grand*)
   (3) Comment est la niche de Toutou? (*petit et confortable*)
   (4) Comment est Roger? (*paresseux*)
   (5) Comment sont les os de Toutou? (*bon*)
   (6) Comment sont les fleurs? (*joli*)
   (7) De quelle couleur est l'herbe?
   (8) De quelle couleur est la porte de *votre salle de classe?
   (9) De quelle couleur est Minet?
   (10) De quelle couleur sont les murs?

* *Attention !*

4. *Reply in French to these questions :*
   (1) Est-ce que nous sommes des garçons?
   (2) Est-ce que nous sommes des filles?
   (3) Est-ce que nous sommes des éléphants?
   (4) Est-ce que nous sommes sages?
   (5) Est-ce que nous sommes stupides?
   (6) Est-ce que vous êtes méchant(e)?
   (7) Est-ce que vous êtes intelligent(e)?
   (8) Est-ce que vous êtes sages?
   (9) Est-ce que vous êtes des ânes?
   (10) Est-ce que vous êtes intelligent(e)s?

NOTE Look carefully at the last word of questions 6 to 10 above. How can you tell whether the answer should start **je suis** or **nous sommes**?

SIXIÈME LEÇON

5. *Make the adjective agree:*
(1) La porte est (vert). (2) Regardez ma (petit) balle. (3) Les jardins sont (grand). (4) Les os sont (bon). (5) L'herbe n'est pas (blanc). (6) Les murs sont (rouge). (7) Voilà nos (grand) maisons. (8) Je regarde mes (joli) fleurs. (9) Les garçons sont (méchant). (10) Les filles sont (sage).

6. *Fill in the correct part of the verb* être:
(1) Je ——— sage. (2) Nous ——— des enfants. (3) Vous ——— un âne. (4) Ils ——— sages. (5) Elles ——— méchantes. (6) Je ne ——— pas grand. (7) Tu ——— sale! (8) Elle ——— grande. (9) Ils ——— petits. (10) Vous n'——— pas amusant.

7. *Put the right ending on the verb:*
(1) Nous plant—— les fleurs. (2) Les chiens aim—— les os. (3) Vous jou—— sur la pelouse. (4) Il arros—— sa sœur. (5) Ils habit—— une maison à Paris. (6) Tu cherch—— la balle. (7) Nous ne mang*—— pas les os. (8) Nous commenc*—— le petit déjeuner. (9) Elle plac—— les fleurs dans un vase. (10) Les filles pleur——.

* Attention!

8. *Re-write, putting the words in brackets into French:*
(1) Je touche (*my*) livre. (2) Il adore (*his*) chien. (3) Tu aimes (*your*) poupée. (4) Vous jouez avec (*your*) balle. (5) Nous fermons (*our*) cahiers. (6) Ils montrent (*their*) cravates. (7) Je regarde (*my*) cadeau. (8) Elles plantent (*their*) fleurs. (9) Tu comptes (*your*) cartes. (10) Regardez (*my*) oreilles. (11) Tu regardes (*your*) voiture. (12) Elle touche (*her*) oreille. (13) Il adore (*his*) mère. (14) Roger est (*her*) frère. (15) Elle aime (*her*) père.

9. *Replace the words in italics by a pronoun* (il, elle, ils, elles):
(1) *Les fleurs* sont jolies. (2) *Roger* est paresseux. (3) *Roger et Françoise* sont les enfants de M. Duroc. (4) *Les balles* sont vertes. (5) *Les chiens* sont amusants.

LA LANGUE DES FRANÇAIS

10. *Say whether the words in italics would be translated by* il y a *or by* voilà. (*Do not translate the whole sentence.*)
    (1) *There is* an elephant in the garden.
    (2) *There is* my pencil.
    (3) *There is* Toutou's kennel.
    (4) *There is* a garden behind the house.
    (5) *There are* some bones in the hole.
    (6) *There are* your shoes.
    (7) *There is* a clock in the classroom.
    (8) *There is* the clock.
    (9) *There are* the pupils.
    (10) *There are* twenty pupils in the class.

11. *Translate into French:*
    (1) Françoise is *Roger's sister.
    (2) The children live in a pretty house.
    (3) Roger does not like *work; he is lazy.
    (4) Where is *Toutou's kennel? Is *it comfortable?
    (5) The bones are very good.
    (6) Are you a donkey? No, I am not a donkey.
    (7) Where are your shoes? They are under the chair.
    (8) Look at the girls. Are *they naughty?
    (9) There is a garden behind *M. Duroc's house.
    (10) Look! There is my ball on the lawn.

* *Attention!*

Jeu

These animals are written in code (A=Z, B=Y, etc.). Can you solve them?

(1) XSVEZO
(2) XLXSLM
(3) XLJ
(4) XZMZIW
(5) ZMV
(6) XSRVM
(7) KLFOV
(8) HLFIRH
(9) XSZG
(10) EZXSV

SIXIÈME LEÇON

Verbes Quotidiens

NOTE 1 n. after the pronoun signifies that the verb should be written in the negative form (ne ... pas).

NOTE 2 When verbs are written out in full, the English for the first person singular should be given.

1. ils (habiter)
   nous n. (commencer)
   tu (cultiver)
   elle n. (arriver)
   vous (jouer)

2. Write out in full the verb être

3. je (être)
   elles (être)
   tu (être)
   nous (être)
   vous (être)

4. Write out in full the verb être

5. tu (être)
   vous (être)
   il (être)
   ils (être)
   nous (être)

6. vous (compter)
   il n. (être)
   nous (commencer)
   je n. (être)
   nous (manger)

7. elles (jouer)
   nous n. (être)
   tu (être)
   elle n. (arroser)
   ils n. (être)

8. Write out in full the verb être in the negative form (ne ... pas)

9. tu n. (être)
   ils (être)
   nous n. (être)
   je (être)
   vous n. (être)

10. nous n. (manger)
    vous n. (être)
    tu n. (arroser)
    elles n. (être)
    je (arriver)

LEÇON SEPT—SEPTIÈME LEÇON

LE PROFESSEUR: Bonjour, mes_amis. Comment_allez-vous?
LA CLASSE: Je vais très bien, merci, monsieur. Et vous?
LE PROFESSEUR: Je vais bien, merci. Georges, où habitez-vous?
L'ÉLÈVE: J'habite Londres, monsieur.

VOCABULAIRE A

agréable	pleasant, nice	marcher	to walk
attraper	to catch	le morceau	bit, lump
un âne	donkey	par	by
le bout	end	parler	to speak, talk
le bruit	noise	pêcher	to fish
la campagne	country	pendant que	while
car	for	penser	to think
le cochon	pig	le poisson	fish
commencer	to begin	préparer	to prepare
le coq	cock	près de	near
crier	to shout	prêt	ready
la dame	lady	puis	then, next
le déjeuner	lunch	quitter	to leave
entrer (dans)	to go in(to)	remuer	to wag
fatigué	tired	rencontrer	to meet
la ferme	farm	retourner	to return
ils font	they make	la rivière	river
français	French	le sucre	sugar
la grand-mère	grandmother	sûr	sure
les grands-parents	grandparents	terrible	terrible
gros	large	la vache	cow
la journée	day	vers	towards
la ligne	line	vieux	old
maintenant	now	la ville	town

SEPTIÈME LEÇON

VOCABULAIRE B

une agitation	commotion	une écurie	stable
aïe!	ow! ouch!	le goûter	tea
la barrière	gate	jaloux	jealous
la basse cour	farmyard	une odeur	smell
le canard	duck	soudain	suddenly
le car	bus (intertown)	le souper	supper
caresser	to stroke		

LOCUTIONS

à la campagne, in the country.
grand-maman, grandma.
de bonne heure, early.
n'est-ce pas? isn't he? doesn't he? etc.
regarder par terre, to look down at the ground.

UNE JOURNÉE À LA CAMPAGNE

Roger et Françoise adorent la campagne. Aujourd'hui ils passent la journée à la ferme de leurs grands-parents, monsieur et madame Laporte. Les Laporte habitent près de Versailles.

Les enfants arrivent de bonne heure avec Toutou qui aime aussi la campagne. Madame Laporte, la grand-mère, rencontre les enfants à la barrière de la ferme.

— Bonjour, Roger! Bonjour, Françoise! Comment allez-vous?

— Très bien, merci, grand-maman. Et vous?

— Je vais très bien, merci, mes enfants.

Madame Laporte caresse la tête du chien.

— Jouez dans la basse-cour pendant que je prépare le déjeuner. Regardez les animaux.

Elle quitte les enfants et retourne à la maison. Roger et Françoise marchent vers la basse-cour, où ils passent des moments amusants avec les cochons. Mais l'odeur des cochons n'est pas agréable. Ils sont sales. Roger et Françoise quittent les cochons et ouvrent la porte de l'écurie. Les chevaux ne sont pas sales.

— Oh! Roger, regarde! dit Françoise.   Voilà Napoléon. (Napoléon est le vieux cheval de leur grand-père et un grand ami des enfants.) Ils donnent un morceau de sucre à Napoléon. Il mange le sucre et dit « merci ».   Est-ce qu'il parle français?   Non, il ne parle pas français, mais il dit « merci » avec la tête et avec les yeux.

Soudain il y a une grande agitation dans la basse-cour.   Les vaches, les chevaux, les cochons, les canards, les coqs, les poules, les ânes et les autres animaux font un bruit terrible.   Il y a aussi un autre bruit: « Ouâ! ouâ! »   Roger regarde sa sœur. Françoise regarde son frère.   C'est un chien!   C'est Toutou.

— Toutou!   Où es-tu? crient les enfants.

Toutou arrive très content.   Il remue sa petite queue blanche. Il adore la ferme.   « J'ai beaucoup d'amis » dit-il.   (Est-ce qu'il a beaucoup d'amis?   Je ne suis pas sûr.   Qu'est-ce que vous pensez?)

Après le déjeuner les enfants pêchent dans la rivière avec M. Laporte, leur grand-père.   Ils attrapent trois poissons.

SEPTIÈME LEÇON 63

ROGER: Grand-père! grand-père! J'ai un poisson.
M. LAPORTE: Montre ton poisson.
ROGER (*montre son poisson*): Regardez, grand-père. Il est gros, n'est-ce pas?
M. LAPORTE: Oui, il est très gros.
FRANÇOISE: Regardez votre ligne, grand-père! Vous‿avez un poisson aussi.
M. LAPORTE (*regarde le bout de sa ligne*): Oui, j'ai aussi un poisson.

ROGER: Nous‿avons deux poissons maintenant.
M. LAPORTE: Regarde ta ligne, Françoise. Tu as aussi un poisson.
FRANÇOISE (*regarde le bout de sa ligne*): Oui. Oh, mais il est très petit!
ROGER: Ça fait trois poissons. Nous‿avons deux gros poissons et un petit poisson.
M. LAPORTE: Un gros poisson pour ta mère et un gros poisson pour ton père.
FRANÇOISE: Et le petit poisson est pour Minet.
TOUTOU (*regarde par terre*): Ouâ!
ROGER: Il n'est pas content! Il est jaloux!

Les‿enfants retournent à la ferme où ils‿ont‿un bon goûter. Puis, après‿une journée très‿agréable, un garçon, une fille et un petit chien fatigués retournent par le car à la grande ville.

PHRASES À RÉPÉTER

Ils passent la journée à la ferme.
Ils‿arrivent de bonne heure.
J'ai beaucoup d'amis.
Les‿animaux font‿un bruit terrible.
Nous‿avons deux gros poissons.
Ils‿ouvrent la porte de l'écurie.

GRAMMAIRE

1. Present Tense of avoir, to have

j'ai	I have	nous‿avons	we have
tu as	you have	vous‿avez	you have
il a	he has	ils‿ont	they have
elle a	she has	elles‿ont	they have

(*Voir les exercices A* (*i*) *à A* (*iv*), *pages* 213, 214.)

2. DE + The Definite Article

As has already been mentioned, **de** (*of*) is used to indicate possession (**l'anniversaire** *de* **Roger**). Here is what happens when **de** comes in front of **le** or **les** (*of the*).

de le contracts to DU   **de les contracts to DES**

SEPTIÈME LEÇON 65

Les Pinces (*pincers*)

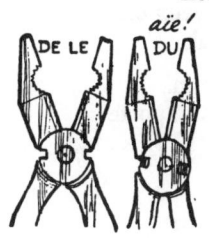

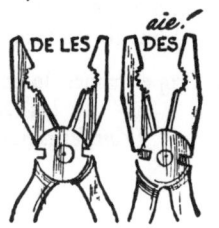

1. Masc. sing.: Mme Laporte caresse la tête *du* chien.
2. Fem. sing.: Elle rencontre les enfants à la barrière *de la* ferme.
3. Masc. or Fem. sing. starting with a vowel: Ils ouvrent la porte *de l'*écurie.
4. Any plural noun: L'odeur *des* cochons n'est pas agréable.

NOTE Remember that *before a plural noun* des *is always used*, EVEN IF IT STARTS WITH A VOWEL:

des‿enfants   des‿amis   des‿ânes

(*Voir les exercices* 7, *page* 68 *et B, page* 214.)

3. IRREGULAR PLURAL

J'ai beaucoup de cadeaux pour votre sœur.
Il a les cheveux bruns.
Regardez les‿animaux.
J'ai deux bras, mais je n'ai pas deux nez.

Just as in English some words form their plural irregularly (ox, oxen, knife, knives), so do certain nouns and adjectives in French. The most important of these are words ending in **-eau, -eu** and **-al.**

Ending	*Plural*	*Examples*
-eau	add **-x**	cadeaux, chapeaux, gâteaux, bateaux
-eu	add **-x**	jeux, cheveux
-al	change -al to -aux	animaux, chevaux
-s, -x, -z	no change	bras, voix, nez

NOTE 1 *Singular*   *Plural*
un œil bleu, *a blue eye*   des yeux bleus*, *blue eyes*
* bleu always takes an s in the plural.

NOTE 2 Proper names do not take a plural form.
<p style="text-align:center;">les Duroc   les Laporte
(<i>Voir les exercices</i> 10, <i>page</i> 69 <i>et</i> C, <i>page</i> 214.)</p>

4. Age
Aujourd'hui Roger *a* douze ans

To state someone's age the verb **avoir** is used. The French say "What age *have* you?"—"I *have* twelve years".

Quel âge avez-vous?   **J'ai douze ans.**
(*Voir l'exercice D, page* 214.)

5. Gender Rule No. 2

Nouns ending in -age are nearly all *masculine*.

l'âge, age

Two common exceptions are ***une* image**, *picture* (*in a book*) and ***la* page**, *page*.

EXERCICES

1. *Reply in French to these questions:*
    (1) Est-ce que les enfants adorent la campagne?
    (2) Est-ce que les Laporte habitent près de Versailles?
    (3) Est-ce que la grand-mère rencontre les enfants à la barrière?
    (4) Est-ce que les enfants ouvrent la porte de l'écurie?
    (5) Est-ce qu'ils donnent un morceau de sucre à Napoléon?
    (6) Est-ce que Napoléon parle français?
    (7) Est-ce que l'odeur des cochons est agréable?
    (8) Est-ce que les autres animaux aiment Toutou?
    (9) Est-ce que les enfants ont un bon goûter?
    (10) Est-ce que les enfants et Toutou sont fatigués?

SEPTIÈME LEÇON

2. *Reply in French to these questions:*
   (1) Qui adore la campagne?
   (2) Qui passe la journée à la ferme?
   (3) Qui sont les grands-parents des enfants?
   (4) Qui ouvre la porte de l'écurie?
   (5) Qui est monsieur Laporte?
   (6) Qui prépare le déjeuner?
   (7) Qui donne un morceau de sucre à Napoléon?
   (8) Qui crie: « Toutou, où es-tu? »
   (9) Qui remue sa petite queue blanche?
   (10) Qui dit: « J'ai beaucoup d'amis »?

3. *Reply in French to these questions:*
   (1) Qu'est-ce que Roger et Françoise adorent?
   (2) Qu'est-ce que Toutou aime?
   (3) Qu'est-ce que madame Laporte caresse?
   (4) Qu'est-ce que les enfants ouvrent?
   (5) Qu'est-ce qu'ils donnent à Napoléon?
   (6) Qu'est-ce que Napoléon mange?
   (7) Qu'est-ce que Napoléon dit?
   (8) Qu'est-ce que les enfants attrapent?
   (9) Qu'est-ce que Toutou remue?
   (10) Qu'est-ce que les enfants donnent à leurs parents?

4. *Fill in the blanks with the correct verb:*
   (1) Vous ——— un nez rouge. (2) Ils ——— deux jambes.
   (3) J'——— une cravate rouge. (4) Nous ——— un canif.
   (5) Elle ——— les yeux gris. (6) Tu ——— un bateau jaune.
   (7) Elles ——— des poupées. (8) Il ——— une queue blanche.
   (9) Ils n'——— pas trois yeux. (10) Vous n'——— pas deux têtes.

5. *Make the following statements into questions by adding* **Est-ce que** ... *(remember that before a vowel you must write* **Est-ce qu'** ...*):*
   (1) Vous avez une cravate. (2) Nous avons des gommes.

(3) Il a une montre. (4) Elle a un canif. (5) Ils ont des corbeilles à papier.

6. *Make the following sentences negative* (ne ... pas):
   (1) Vous avez dix bras. (2) Le professeur a quatre jambes.
   (3) Nous avons trois yeux. (4) Les enfants ont deux queues.
   (5) Tu as deux têtes.

7. *Replace the dash by* du, de la, de l', des (*or de before the name of someone*):
   (1) La queue —— chien. (2) Le bruit —— animaux.
   (3) La ferme —— homme. (4) La cuisine —— femme.
   (5) La barrière —— basse-cour. (6) La couleur —— objet. (7) La cravate —— professeur. (8) Le nez —— Roger. (9) Les pistolets —— soldats. (10) La fleur —— madame Duroc. (11) La poupée —— fille. (12) La gomme —— élève. (13) La couleur —— souliers. (14) Les pattes —— Toutou. (15) Les livres —— enfant. (16) Le bruit —— vache. (17) La montre —— soldat. (18) La robe —— Françoise. (19) La chemise —— garçon. (20) La couleur —— eau.

8. *Put the correct ending on the verb:*
   (1) Vous jou—— dans le jardin. (2) Ils donn—— du sucre.
   (3) Nous mang*—— le goûter. (4) Ils caress—— le chien.
   (5) Nous cri—— « Aïe! » (6) Tu aid—— ta maman. (7) Elles prépar—— le déjeuner. (8) Il quitt—— la ferme.
   (9) Vous parl—— français. (10) Nous commenc*—— la journée.

   * *Attention!*

9. *Make the adjectives agree:*
   (1) L'odeur n'est pas (agréable). (2) Les cochons sont (sale).
   (3) La campagne est (amusant). (4) Nos amis sont (stupide).
   (5) La rivière est (joli). (6) Tes mains sont (noir). (7) Les enfants sont (méchant). (8) La poule est (blanc). (9) Le sucre est (jaune). (10) Nous avons des jeux (amusant).

SEPTIÈME LEÇON

10. *Put into the plural:*
    (1) Le joli cadeau.
    (2) Un cheveu gris.
    (3) Le jeu du garçon.
    (4) La voix de l'enfant.
    (5) Son petit bras.
    (6) Un chien jaloux.
    (7) Un œil bleu.
    (8) Le cheval est vieux.
    (9) L'animal est content.
    (10) Le nez de l'élève.

11. *Translate into French:*
    (1) We have a farm *in the country.
    (2) The children catch two large fish.
    (3) The boys play while the girls work.
    (4) The children stroke the *horse's head.
    (5) The *soldier's pistol is dirty.
    (6) Do you give a lump of sugar to Napoleon?
    (7) Does the horse speak French?
    (8) They open the door of the kitchen.
    (9) The dog looks at the *boys' grandmother.
    (10) They spend some amusing moments with the pigs.

* *Attention!*

JEU

Mots brouillés (*jumbled words*). Can you untangle these parts of the body?

(1) ETTE
(2) COUHEB
(3) LEROLEI
(4) ZEN
(5) IMAN
(6) GOTID
(7) BEJMA
(8) EDIP
(9) HUVEXEC
(10) RABS

VERBES QUOTIDIENS

1. il n. (être)
   nous (commencer)
   tu (pleurer)
   vous n. (être)
   nous n. (être)

2. Write out in full the verb **avoir**

3. je (avoir)
   elles (avoir)
   il (avoir)
   nous (avoir)
   vous (avoir)

4. Write out in full the verb **avoir**

5. elles (avoir)
   je (avoir)
   il (avoir)
   tu (avoir)
   nous (avoir)

6. vous n. (être)
   tu (avoir)
   nous (commencer)
   je n. (aider)
   vous (avoir)

7. il n. (être)
   nous n. (avoir)
   tu (être)
   nous n. (manger)
   ils (avoir)

8. Write out in full the verb **avoir** in the negative form (ne ... pas)

9. Write out in full the verb **être**

10. elles (pêcher)
    je n. (arriver)
    il n. (avoir)
    elles (être)
    ils (avoir)

LEÇON HUIT—HUITIÈME LEÇON

LE PROFESSEUR: Georges, quel âge avez-vous ?
L'ÉLÈVE: J'ai onze ans, monsieur.
LE PROFESSEUR: Et vous, Henri, quel âge avez-vous ?
L'ÉLÈVE: J'ai dix‿ans, monsieur.
       etc.

VOCABULAIRE A

la barbe	beard	le moteur	motor
bien	well	parce que	because
ce, cet	this	pauvre	poor
cela (ça)	that	la personne	person
cent	(one) hundred	pourquoi	why
la colère	anger	quelqu'un	someone
contre	against	ramasser	to pick up
une école	school	rester	to remain
écouter	to listen (to)	la roue	wheel
expliquer	to explain	seul	alone, single
la figure	face	le silence	silence
la faute	fault	tomber	to fall
fort	loudly	le tonnerre	thunder
la fois	time	toujours	always
habité	inhabited	tourner	to turn
la lune	moon	travailler	to work
les lunettes (*f.*)	spectacles	traverser	to cross
mal	badly	vite	quickly
le matin	morning	la voix	voice
même	even	vrai	true, real

VOCABULAIRE B

la copie	work written by the pupil	laisser tomber	to drop
copier	to copy	mécanique	mechanical
l'encre (*f.*)	ink	le papier buvard	blotting paper
exactement	exactly		
une explosion	explosion	la punition	punishment
féroce	fierce	stopper	to stop
la géographie	geography	trotter	to trot

LOCUTIONS

à ce moment-là, at that moment.
à l'école, at school.
à la maison, at home.
à vous, yours
cet après-midi, this afternoon.
elle s'appelle, she is called.
en retenue, in detention.
faire attention, to pay attention.
petit misérable! miserable boy!
regarder par la fenêtre, to look out of the window.
qu'est-ce que c'est que ça? what is that?
venez ici! come here!

EN RETENUE

À l'école Roger est très méchant. Il ne travaille pas bien. Il travaille mal et il est toujours paresseux. Il regarde par la fenêtre. Il ne fait pas attention. Il a toujours des punitions et il y a toujours de l'encre sur sa copie. Regardez Roger maintenant. Les autres élèves sont à la maison, mais Roger reste seul dans la salle de classe. Il est en retenue. Pourquoi est-il en retenue? Il est en retenue parce que

HUITIÈME LEÇON

M. Postillon, le professeur de géographie, n'aime pas les_élèves qui jouent en classe. Il donne des punitions aux_élèves qui sont paresseux.

M. Postillon a une barbe noire. Il porte des lunettes et il est féroce. Quand_il est fâché il crie très fort. Les_autres classes pensent: « C'est monsieur Postillon! Il est_en colère! Quelqu'un va attraper une punition! »

Ce matin M. Postillon fait sa leçon de géographie. Il parle, il parle. Mais Roger n'écoute pas le professeur. Il joue avec une petite souris mécanique, le cadeau d'anniversaire de sa sœur. Elle a un petit moteur—la souris, pas Françoise—et quatre petites roues. Elle trotte exactement comme une vraie souris. Elle s'appelle Annabelle.

M. Postillon explique à sa classe que la lune n'est pas_habitée.

M. POSTILLON: Il n'y a pas_une seule personne sur la lune. Pas_ un seul homme, pas_une seule femme, pas_un seul animal. Pas même une souris. (*C'est_à ce moment-là que Roger laisse tomber Annabelle. Son petit moteur tourne vite et elle trotte directement vers M. Postillon et stoppe contre son pied. M. Postillon ramasse la souris. Sa figure est rouge de colère. Soudain il y a une explosion.*) Qu'est-ce que c'est que ça?
ROGER: Euh . . . c'est_Annabelle, monsieur.
M. POSTILLON: Qui?
ROGER: Annabelle, monsieur. Ma souris.
M. POSTILLON (*d'une voix de tonnerre*): Duroc!
ROGER: Oui, monsieur?
M. POSTILLON: Venez_ici! Est-ce que cet_objet est_à vous?
ROGER: Euh . . . oui, monsieur.

M. POSTILLON: Pourquoi jouez-vous en classe?
ROGER: Je ne joue pas_en classe, monsieur.
M. POSTILLON: Vous ne jouez pas_en classe!
ROGER: Non, monsieur, c'est_Annabelle qui joue. Ce n'est pas ma faute. C'est la faute d'Annabelle.
M. POSTILLON: Silence! Petit misérable! Pas d'excuses! Vous_allez rester à l'école cet_après-midi et vous_allez copier cinq cents fois: « Les_élèves sages ne jouent pas_en classe. »
ROGER: Oui, monsieur. (*Roger retourne à son pupitre très triste. Le pauvre Roger!*)

PHRASES À RÉPÉTER

Les_autres_élèves sont_à la maison.
Quelqu'un va attraper une punition.
Roger n'écoute pas le professeur.
Ce n'est pas ma faute.
Les_élèves sages ne jouent pas_en classe.
Qu'est-ce que c'est que ça?

HUITIÈME LEÇON

GRAMMAIRE

1. À + THE DEFINITE ARTICLE

It was explained in the last lesson how **de + le** contracted to **du** and **de + les** contracted to **des**. The same kind of contraction takes place when **à** (*to, at*) comes before **le** and **les**.

Les Pinces

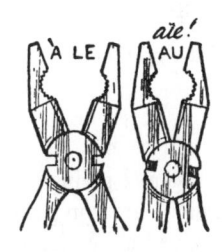

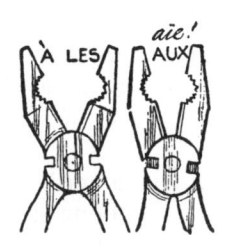

1. Masc. sing. « Venez ici! » crie M. Postillon *au* garçon.
2. Fem. sing. Les autres élèves sont *à la* maison.
3. Masc. or Fem. sing. starting with a vowel. Vous allez rester *à l'*école cet après-midi.
4. Any plural noun. Il donne des punitions *aux* élèves qui jouent en classe.

NOTE Remember that aux is always used before a plural noun, *even if it starts with a vowel:*

    aux‿enfants   aux‿élèves   aux‿ânes

(*Voir les exercices* 4, *page* 79 *et A, B* (*iii*), *pages* 214, 215.)

2. THE INTERROGATIVE FORM

So far, whenever you have asked a question you have put **est-ce que** in front of the statement. You must now learn another way of asking questions. This is by putting the subject pronoun after the verb as we do in English with the verbs *to have* and *to be* (*have you? is she?*). Here are **avoir** and **être** conjugated *interrogatively*.

Avoir

ai-je?	have I?	suis-je?	am I?
as-tu?	have you?	es-tu?	are you?
a-*t*-il?*	has he?	est-il?	is he?
a-*t*-elle?*	has she?	est-elle?	is she?
avons-nous?	have we?	sommes-nous?	are we?
avez-vous?	have you?	êtes-vous?	are you
ont-ils? ont-elles? }	have they?	sont-ils? sont-elles? }	are they?

Être

*NOTE A t must be put between the verb and the pronoun when the 3rd person singular ends in a vowel.

Donner

Est-ce que je donne?	do I give? am I giving?
donnes-tu?	do you give? are you giving?
donne-*t*-il?*	does he give? is he giving?
donne-*t*-elle?*	does she give? is she giving?
donnons-nous?	do we give? are we giving?
donnez-vous?	do you give? are you giving?
donnent-ils?	do they give? are they giving?
donnent-elles?	do they give? are they giving?

NOTE 1 Do not use the interrogative form of the 1st person singular of -ER verbs. Use est-ce que instead.

*NOTE 2 Do not forget the t.

NOTE 3 *Be very careful of questions which have a noun for their subject.*

>Has John a book?
>Do the children catch fish?
>Are the boys playing?

NEVER ATTEMPT TO USE THIS WORD ORDER IN FRENCH

The easiest way to translate this kind of question is with **est-ce que**:

Statement: Jean a un livre.
Question: **Est-ce que** Jean a un livre?
Statement: Les enfants attrapent des poissons.
Question: **Est-ce que** les enfants attrapent des poissons?

HUITIÈME LEÇON

NEGATIVE QUESTIONS

To make a question negative (*haven't you? aren't you?*) put
ne ... pas round the *whole question*:

   Travaillez-vous? *Ne* travaillez-vous *pas*?
   Donnent-ils?   *Ne* donnent-ils *pas*?

3. Gender Rule No. 3

Nouns ending in **-ion** and **-son** are *feminine*.

   une agitation, commotion
   la punition, punishment
   la maison, house

Two exceptions are: **un avion**, *aeroplane*, and **le poisson**, *fish*.

4. Irregular Verb

aller, *to go*

This is the only very irregular verb of the -ER group, but it is a most useful one.

   je vais   I go, I am going
   tu vas   you go, you are going
   il va   he goes, he is going
   nous allons we go, we are going
   vous allez you go, you are going
   ils vont   they go, they are going

(*Voir les exercices* 6, *page* 80 *et B* (i), (ii), *page* 215.)

5. Aller + Infinitive

Quelqu'un *va attraper* une punition.
Vous *allez rester* à l'école cet après-midi.

The verb **aller** is also used as a "helper" with a second verb to express what is *going to happen* or what we *intend to do*.

NOTE 1 The second verb is always in the *infinitive* and NEVER CHANGES.

NOTE 2 Now that you are using two verbs together, be careful not to put another verb directly after parts of the verb être. Je suis, il est,

nous sommes, etc. are NEVER followed by another verb.
(*Voir les exercices* 7, *page* 80 *et* C (*i*), (*ii*), D, *pages* 215, 216.)

Dictées

1. Ils donnent‿un morceau de sucre au cheval.
   They give a lump of sugar to the horse.
2. Nous ne mangeons pas les‿os du chien.
   We do not eat the dog's bones.
3. Nous ne sommes pas des‿ânes.
   We are not donkeys.
4. Françoise a les cheveux bruns.
   Frances has brown hair.
5. Nous commençons notre déjeuner.
   We are starting our lunch.
6. Les souliers du garçon sont noirs.
   The boy's shoes are black.

EXERCICES

1. Répondez aux questions (*Reply to the questions*):
   (1) Qui travaille mal?
   (2) Qui regarde par la fenêtre en classe?
   (3) Qui n'aime pas les élèves qui jouent en classe?
   (4) Qui porte des lunettes?
   (5) Qui n'écoute pas le professeur?
   (6) Qui joue avec une petite souris mécanique?
   (7) Qui laisse tomber Annabelle?
   (8) Qui ramasse la petite souris?
   (9) Qui est rouge de colère?
   (10) Qui copie cinq cents fois, « Les élèves sages ne jouent pas en classe »?

2. Répondez aux questions:
   (1) Est-ce que Roger travaille bien?
   (2) Est-ce que la lune est habitée?

HUITIÈME LEÇON

(3) Où est Roger maintenant?
(4) Comment est Roger? (*méchant et paresseux*).
(5) Comment sont les roues d'Annabelle? (*petit*).
(6) Qu'est-ce que Roger laisse tomber?
(7) Qu'est-ce que M. Postillon ramasse?
(8) Combien de roues a Annabelle?
(9) De quelle couleur est la barbe de M. Postillon?
(10) De quelle couleur est la souris?

3. Répondez aux questions:
   (Exemple: Pourquoi est-ce que Toutou déteste Minet? (*joue—balle*)

   Toutou déteste Minet parce qu'il joue avec sa balle.)

   (1) Pourquoi est-ce que Toutou est content? (*aide M. Duroc*)
   (2) Pourquoi est-ce que madame Laporte caresse la tête de Toutou? (*aime les chiens*)
   (3) Pourquoi est-ce que les enfants quittent les cochons? (*odeur—pas agréable*)
   (4) Pourquoi est-ce que Toutou regarde par terre? (*jaloux*)
   (5) Pourquoi est-ce que Toutou remue sa petite queue blanche? (*content*)
   (6) Pourquoi est-ce que Roger a une punition? (*travaille mal*)
   (7) Pourquoi est-ce que Roger n'écoute pas le professeur? (*joue—souris*)
   (8) Pourquoi est-ce que M. Postillon crie « Venez ici! »? (*fâché contre Roger*)
   (9) Pourquoi est-ce que Roger est en retenue? (*paresseux*)
   (10) Pourquoi est-ce que Toutou est fâché? (*un autre chien —os*)

4. *Replace the dash by* au, à la, à l', aux (*or* à *before the name of someone*):
   Nous donnons:
   (1) le pistolet ——— soldat. (2) le goûter ——— enfants. (3) le cadeau ——— garçon. (4) la lettre ——— grands-parents. (5) l'os ——— chien. (6) la locomotive ———

élève. (7) la fleur —— femme. (8) le stylo —— papa. (9) les balles —— filles. (10) le déjeuner —— cheval. (11) la montre —— sœur. (12) le poisson —— chats. (13) le sucre —— âne. (14) la poupée —— Françoise. (15) l'herbe —— vache. (16) l'encre —— élèves. (17) le bateau —— enfant. (18) la fleur —— Roger. (19) la chemise —— professeur. (20) le vase —— maman.

5. **Mettez** (*put*) **la terminaison correcte du verbe** (... *the right ending*):
    (1) Toutou jou—— avec une balle. (2) Ils arriv—— à la ferme. (3) Vous cultiv—— des .leurs. (4) Nous mang—— notre déjeuner. (5) Nous commenc—— notre travail. (6) Les enfants donn—— le sucre au cheval. (7) Tu parl—— français. (8) Ils coup—— la ficelle. (9) Elle compt—— les cadeaux. (10) Vous cherch—— le canif. (11) Les roues tourn—— vite. (12) Tu ramass—— le torchon. (13) Les cars travers—— la ville. (14) Nous expliqu—— la géographie. (15) Vous n'écout—— pas le professeur.

6. **Mettez la forme correcte du verbe *aller*:**
    (1) Nous —— pêcher. (2) Vous —— jouer. (3) Ils —— arroser la pelouse. (4) Tu ne —— pas écouter. (5) —— -t-il planter les fleurs? (6) Je ne —— pas manger le papier buvard. (7) Ils —— parler. (8) Nous —— crier fort. (9) Toutou —— remuer sa queue. (10) —— -ils retourner?

7. **Remplacez le tiret par un verbe à l'infinitif** (*Replace the dash by a verb in the infinitive*):
    (1) Vous allez ——. (2) Je vais ——. (3) Allons-nous ——? (4) Il ne va pas ——. (5) Ils vont ——. (6) Vas-tu ——? (7) Je ne vais pas ——. (8) Elles vont ——. (9) Va-t-elle ——? (10) Nous n'allons pas ——.

8. **Faites accorder les adjectifs** (*Make the adjectives agree*):
    (1) Une barbe (noir). (2) Une chaise (brun). (3) Des yeux (bleu). (4) Les mains (sale). (5) Elle est (sûr). (6) Un livre

HUITIÈME LEÇON 81

(blanc). (7) Un (autre) vase. (8) Les os sont (bon). (9) Les chiens sont (gros). (10) Les niches sont (confortable).

9. Mettez à l'interrogatif sans employer *est-ce que* (*without using* ***est-ce que***):
    (1) Ils donnent. (2) Vous plantez. (3) Elle n'arrose pas.
    (4) Nous cultivons. (5) Tu ne joues pas. (6) Ils n'ont pas.
    (7) Elles sont. (8) Nous ne sommes pas. (9) Vous travaillez.
    (10) Il ne parle pas.

10. Traduisez en français (*Translate into French*):
    (1) Does the master like *pupils who play *in class?
    (2) The little grey mouse touches the *man's foot.
    (3) The children *are not listening *to the lesson.
    (4) It is not my fault. I work well.
    (5) *Annabelle's wheels are small, but *they turn quickly.
    (6) You *are going to stay at *school this afternoon.
    (7) Roger *always plays when the master *is not looking.
    (8) M. Postillon is angry. The class is going to get (catch) a punishment.
    (9) We *often put the pretty flowers on the table.
    (10) Sometimes we spend the day *in the country.
         * *Attention!*

Jeu

Devinettes (*Riddles*): Try to guess who is speaking.
It may be a person, animal or thing.

(1) Je ne suis pas habitée. Il n'y a pas un seul homme sur moi (*me*).
(2) Je suis un animal et j'habite une écurie.
(3) Je suis une petite maison confortable pour un chien.
(4) Je suis un animal et mon odeur n'est pas agréable.
(5) Roger coupe la ficelle avec moi.
(6) Je suis un animal et je fais « Meu-eu-eu ».
(7) Je suis quelquefois petit, quelquefois gros. J'habite dans la rivière.

(8) Je suis noir. Je déteste les chiens. Je ne suis pas leur ami.
(9) Je suis un animal très stupide. Mes oreilles sont longues.
(10) Je suis très jolie. Je suis quelquefois dans le jardin et quelquefois dans un vase.

Verbes Quotidiens

NOTE A question mark (?) after the pronoun signifies that the verb is to be written in the interrogative form (*as a question*).

1. je n. (avoir)
   vous (avoir)
   nous (**manger**)
   nous (**commencer**)
   nous (**être**)

2. Écrivez (*write*) le verbe **aller**

3. Écrivez à l'interrogatif (*in the question form*) le verbe **donner**

4. Écrivez à l'interrogatif le verbe **être**

5. Écrivez au négatif (ne ... pas) le verbe **aller**

6. il? (aller)
   tu (aller)
   ils n. (être)
   ils (aller)
   ils (avoir)

7. je? (aller)
   vous n. (aller)
   tu? (avoir)
   elle n. (aller)
   ils (aller)

8. Écrivez à l'interrogatif le verbe **aller**

9. tu? (avoir)
   il n. (aller)
   nous (**être**)
   elles? (aller)
   vous n. (**être**)

10. vous (aller)
    vous (avoir)
    il n. (avoir)
    elle? (aller)
    nous (aller)

LEÇON NEUF—NEUVIÈME LEÇON

LE PROFESSEUR : C'est aujourd'hui l'anniversaire de Charles. Bon anniversaire, Charles.
LA CLASSE : Bon anniversaire, Charles !

VOCABULAIRE A

acheter	to buy	laisser	to leave
une allumette	match	le lait	milk
l'argent (*m.*)	money	léger	light
une assiette	plate	le lit	bed
beau	lovely	lourd	heavy
le beurre	butter	malade	ill
bientôt	soon	le, la malade	patient
le boulanger	baker	le marché	market
la bouteille	bottle	un œuf	egg
le café	coffee	oublier	to forget
la chambre	room	le pain	bread
chez	at the house of	le panier	basket
choisir	to choose	plein	full
la cigarette	cigarette	plus tard	later
la confiture	jam	porter	to carry
ils disent	they say	les provisions (*f.*)	provisions
embrasser	to kiss	punir	to punish
un épicier	grocer	remplir	to fill
facile	easy	le sel	salt
la farine	flour	le soin	care
frapper	to knock	tout	everything
le fromage	cheese	la viande	meat
le gâteau	cake	vide	empty
une heure	hour	le vin	wine
l'huile (*f.*)	oil		

VOCABULAIRE B

le bol	bowl	la liste	list
désolé	sorry	mélanger	to mix
en bas	downstairs	par terre	on the ground
le four	oven	la pensée	thought
gourmand	greedy	le raisin sec	raisin
grave	serious	le rhume	cold
un ingrédient	ingredient	la sardine	sardine

LOCUTIONS

encore une fois, once more.
faire des courses, to do the shopping.
ne m'embrassez pas, don't kiss me.
oh! là! là! oh! dear!
rester au lit, to stay in bed.

MAMAN EST MALADE

Un matin Roger et Françoise frappent à la porte de la chambre de leur mère.

— Entrez! dit Mme Duroc.

— Bonjour, maman, disent les‿enfants. Comment vas-tu ce matin?

— Ne m'embrassez pas, dit Mme Duroc. J'ai un rhume.

— Pauvre maman, dit Françoise, je suis désolée.

— Oh, ce n'est pas grave, mais je vais rester au lit aujourd'hui. Et vous‿allez faire des courses au marché pour moi. Sur la table dans la cuisine il y a de l'argent et une liste de toutes les provisions que vous‿allez acheter.

Très contents, Roger et Françoise vont‿en bas à la cuisine. Là, ils trouvent l'argent et la liste.

Bientôt ils‿arrivent au marché. Roger porte un panier vide. Toutou porte le panier de Françoise. Quand les paniers sont vides ils sont légers.

Les‿enfants choisissent les provisions avec soin. Chez le boucher ils choisissent de la viande. Toutou est très content parce qu'il trouve un morceau de viande par terre. Il est gourmand, n'est-ce pas? Chez le boulanger ils choisissent du pain. Chez l'épicier ils choisissent du beurre, du café, du fromage, des boîtes de sardines, une bouteille de vin rouge et de l'huile. Ils remplissent les paniers avec leurs provisions.

— N'oublie pas les cigarettes et les_allumettes pour papa, dit Françoise.

— Et la confiture pour nous! dit Roger.

Maintenant les paniers sont lourds. Pourquoi sont-ils lourds? Ils sont lourds parce qu'ils sont pleins.

— J'ai une idée, dit Roger, quand_ils_arrivent à la maison. Nous_allons faire un gâteau pour maman parce qu'elle est malade.

Dans la cuisine Françoise cherche un grand bol qu'elle place sur la table. Roger passe les ingrédients à sa sœur: de la farine, du beurre, des_œufs (trois_œufs), du lait, des raisins secs, du sel, et du sucre. Françoise mélange tous les ingrédients dans le bol. Quand tout_est prêt elle place le gâteau dans le four.

Une heure plus tard les deux_enfants regardent le beau gâteau brun sur l'assiette blanche.

— Maman va être très contente, n'est-ce pas? dit Françoise.

Toutou regarde le gâteau. Ce n'est pas_un_os, c'est vrai, mais les gâteaux sont bons aussi.

Les_enfants laissent le gâteau sur la table et vont dans le jardin pour jouer. Ils_oublient Toutou qui reste sous la table dans la cuisine.

Une heure plus tard ils finissent leur jeu et rentrent dans la maison pour regarder encore une fois leur beau gâteau. Ils ouvrent la porte de la cuisine. Leurs yeux tombent sur la table.

Oh! là! là! Où est le gâteau? Sur la table il y a seulement l'assiette vide. Roger regarde sa sœur. Françoise regarde son frère. Ils ont la même pensée terrible: Toutou!

Maintenant il y a deux malades dans la maison; la mère des enfants et un petit chien gourmand. Est-ce qu'ils punissent Toutou? Qu'est-ce que vous pensez?

Saynète

Roger, Françoise (et Toutou) font un gâteau

ROGER: J'ai une bonne idée. Nous_allons faire un gâteau pour maman, parce qu'elle est malade.
FRANÇOISE: Oh, oui! C'est_une bonne idée. Allons dans la cuisine.
ROGER: Voici un bol.
FRANÇOISE: Et voici de la farine, du beurre et du sucre.
ROGER: Combien d'œufs?
FRANÇOISE: Trois_œufs. Voici du lait et des raisins secs.
ROGER: Et voici du sel.
FRANÇOISE: Maintenant je vais mélanger les_ingrédients.

(Dix minutes plus tard)

ROGER: Voilà. Le gâteau est fini. Regarde, Toutou, il est beau, n'est-ce pas?
TOUTOU *(regarde le gâteau)*: Ouâ, ouâ!
FRANÇOISE: Il dit « Est-ce qu'il y a un_os dans le gâteau? »
ROGER: Non, Toutou, les_os ne sont pas bons dans_un gâteau.
FRANÇOISE: Je vais placer le gâteau dans le four.
ROGER: Maman va être très contente.
FRANÇOISE: Oui. *(Elle place le gâteau dans le four.)* Voilà. Maintenant allons jouer dans le jardin.

PHRASES À RÉPÉTER

Je vais rester au lit aujourd'hui.
Bientôt ils_arrivent au marché.
N'oubliez pas les_allumettes.
Ce n'est pas grave.
J'ai un rhume.
Nous_allons faire un gâteau.

GRAMMAIRE

1. Regular Verbs in -IR

You have learned the first group of verbs which have their infinitive ending in -ER. Here now is the model for 2nd conjugation verbs whose infinitive ends in -IR. There are far less of these than of the 1st conjugation.

Finir, to finish

1. Take the ending from the infinitive, leaving the stem:

fin-

2. On to this stem put the following endings:

-is, -is, -it, -ons, -ez, -ent.

je fin-*is*	I finish, I am finishing
tu fin-*is*	you finish, you are finishing
il fin-*it*	he finishes, he is finishing
nous fin*iss*-*ons*	we finish, we are finishing
vous fin*iss*-*ez*	you finish, you are finishing
ils fin*iss*-*ent*	they finish, they are finishing

NOTE that the stem lengthens to **finiss-** in the plural.

Other verbs conjugated like **finir** are: **choisir**, *to choose*, **punir**, *to punish*, **remplir**, *to fill*.

2. The Partitive Article

Chez le boulanger ils choisissent *du* pain.
Chez le boucher ils choisissent *de la* viande.
Vous allez trouver une liste et *de l'*argent.
Chez l'épicier ils choisissent *des* boîtes de sardines.

The Partitive article is so called because it *limits* the noun to a *part of the whole* (*some* sugar only).

NOTE 1 You will see that the PARTITIVE ARTICLE has the same form as **de** + THE DEFINITE ARTICLE (*of the*).

NOTE 2 In English we frequently leave out *some* or *any* (I have friends). *Be careful not to leave it out in French.*

J'ai *des* amis *I have (some) friends*
Avez-vous *du* beurre? *Have you (any) butter?*

NOTE 3 Remember that *any* is the same as *some*.

(*Voir les exercices* 5, *page* 91 *et A* (*i*), (*ii*), *pages* 216, 217.)

3. Question Words

Are you sure that you know all the question words that you have met so far?

Qui?	Who?
Que? **Qu'est-ce que?**	What?
Où?	Where?
Pourquoi?	Why?
Comment?	How?
Combien?	How many? How much?

4. Irregular Verb

faire, to do, to make

je fais	nous **fais**ons
tu fais	vous **fai**tes
il fait	ils ***font***

* This is the last of the only four verbs whose 3rd person plural ends in -ont:

    ils **ont**   ils **sont**   ils **vont**   ils **font**

Dictées

1. Ils **passent** des moments‿amusants avec les cochons.
   They spend some amusing moments with the pigs.

2. Les‿enfants adorent la campagne.
   The children love the country.

3. Nous commençons notre déjeuner de bonne heure.
   We start our lunch early.

4. Le professeur a une barbe noire.   Il est féroce.
The master has a black beard.   He is fierce.

5. Ils pêchent dans la rivière près de la ferme.
They fish in the river near the farm.

6. Ses‿yeux tombent sur Roger.   « Venez‿ici ! » dit-il.
His eyes fall on Roger.   "Come here!" he says.

EXERCICES

1. Répondez aux questions:
    (1) Qu'est-ce que les enfants trouvent sur la table dans la cuisine?
    (2) Qui porte le panier de Françoise?
    (3) Qu'est-ce que Toutou trouve par terre chez le boucher?
    (4) Où est-ce que les enfants trouvent la liste?
    (5) Où vont-ils pour acheter (*buy*) les provisions?
    (6) Nommez (*name*) les ingrédients dans le gâteau de Françoise.
    (7) Où est-ce que Françoise place le gâteau?
    (8) De quelle couleur est l'assiette pour le gâteau?
    (9) De quelle couleur est le gâteau?
    (10) Aimez-vous les gâteaux?

2. Répondez aux questions:
    (1) Combien d'œufs est-ce que Françoise met (*puts*) dans le gâteau?
    (2) Combien de malades est-ce qu'il y a dans la maison?
    (3) Combien de fenêtres est-ce qu'il y a dans *votre salle de classe?
    (4) Combien d'élèves est-ce qu'il y a dans *votre classe?
    (5) Pourquoi est-ce que les enfants n'embrassent pas leur mère? (*un rhume*)
    (6) Pourquoi est-ce que Toutou est content? (*trouver — par terre*)
    (7) Pourquoi est-ce que les paniers sont lourds? (*plein*)
    (8) Comment sont les paniers quand ils sont vides? (*léger*)

* *Attention!*

(9) Comment sont-ils quand ils sont pleins ? (*lourd*)
(10) Est-ce que les enfants punissent Toutou ?

3. **Mettez la forme correcte du verbe** (*Put the correct form of the verb*):
    (1) Nous (*finir*) le devoir. (2) Vous ne (*punir*) pas le chien. (3) Ils (*choisir*) leurs amis. (4) Il (*remplir*) le panier. (5) Nous (*faire*) un bruit. (6) Ils (*aller*) à la ville. (7) Françoise (*aller*) à l'école. (8) Nous (*manger*) le gâteau. (9) Nous (*avancer*) rapidement. (10) Ils (*faire*) les gâteaux.

4. **Mettez les verbes suivants à l'interrogatif** (*Put the following verbs in the interrogative*):
    (1) Vous avez. (2) Il n'a pas. (3) Elles ont. (4) Nous sommes. (5) Il donne. (6) Ils ne plantent pas. (7) Ils ont. (8) Ils finissent. (9) Il ne mange pas. (10) Elle demande.

5. **Mettez *du, de la, de l'* ou *des* devant les noms suivants** (*following nouns*):
    (1) beurre
    (2) fromage
    (3) farine
    (4) encre
    (5) ingrédients
    (6) café
    (7) cigarettes
    (8) pain
    (9) huile
    (10) sel
    (11) confiture
    (12) argent
    (13) vin
    (14) poisson
    (15) allumettes
    (16) œufs
    (17) papier buvard
    (18) viande
    (19) lait
    (20) provisions

6. **Mettez au pluriel** (*Put into the plural*):
    (1) Le joli cadeau.
    (2) Un animal féroce.
    (3) Le cheval noir.
    (4) La voix terrible.
    (5) Le beau gâteau.
    (6) Le tableau noir.
    (7) L'os gris.
    (8) Un morceau lourd.
    (9) L'animal paresseux.
    (10) Un œil bleu.

7. **Mettez *du, de la, de l', des, de* ou *au, à la, à l', aux* ou *à*:**
    Roger et Françoise sont les enfants ——— monsieur Duroc.

Aujourd'hui ils vont —— campagne, où ils vont passer la journée —— ferme —— leurs grands-parents, M. et Mme Laporte. Mme Laporte rencontre les enfants —— barrière. Elle caresse la tête —— chien. Les enfants passent —— moments amusants avec les cochons, mais l'odeur —— cochons n'est pas agréable. Ils ouvrent la porte —— écurie et ils donnent —— sucre —— cheval. Après le déjeuner ils vont —— rivière, où ils attrapent —— poissons. Puis ils retournent —— ferme. Après une journée agréable ils rentrent —— grande ville.

8. Écrivez une liste pour faire des courses au marché. (*Write out a shopping list*).

9. Traduisez en français (*Translate into French*):
   (1) I am tired. I *am going to stay *in bed to-day.
   (2) You will (are going to) find a list on the chair downstairs.
   (3) When the baskets are empty they are light.
   (4) They choose *meat *at the butcher's.
   (5) Oh, dear! The horses *are eating the sugar!
   (6) In our cake there are *eggs, *milk, *flour and *butter.
   (7) Françoise looks * at her brother. *Are they going to punish the dog?
   (8) Good morning. How are you? I am very well, thank you.
   (9) The animals *are making a lot of noise.
   (10) We *are looking *for the presents. Where are they?
   * *Attention!*

Jeu

Mots Brouillés: Can you untangle this shopping list? The words are all in the singular.

(1) LEUHI
(2) RUBERE
(3) LES
(4) RAINEF
(5) OMAGREF
(6) NADEVI
(7) DRANISE
(8) TALI
(9) ROFTICUNE
(10) SARCISINE

NEUVIÈME LEÇON

VERBES QUOTIDIENS

NOTE **n?** after the pronoun signifies that the verb is to be written in the interrogative negative form (*question* and **ne . . . pas**).

1. il? (**aller**)
   nous n. (**aller**)
   nous n? (**avoir**)
   vous n. (**aller**)
   ils (**aller**)

2. Écrivez: **aller** et **finir**

3. Écrivez: **faire** et **aller**

4. Écrivez: **punir** et **faire**

5. elles? (**aller**)
   je n. (**aller**)
   il (**faire**)
   ils n. (**faire**)
   nous? (**faire**)

6. vous n. (**être**)
   tu n? (**aller**)
   nous (**aller**)
   je n. (**faire**)
   je n? (**avoir**)

7. Écrivez au négatif
   (**ne . . . pas**): **finir** et **faire**

8. elle? (**planter**)
   elle (**faire**)
   ils n? (**faire**)
   tu n. (**aller**)
   vous (**faire**)

9. nous? (**faire**)
   je n? (**faire**)
   nous (**punir**)
   il? (**écouter**)
   vous n. (**faire**)

10. vous n? (**punir**)
    ils (**avoir**)
    elles (**faire**)
    nous? (**faire**)
    elles? (**finir**)

LEÇON DIX—DIXIÈME LEÇON

L'ÉLÈVE: Puis-je tailler mon crayon, monsieur?
LE PROFESSEUR: Oui, mais dépêchez-vous. Nous_avons beaucoup à faire ce matin.

VOCABULAIRE A

alors	then	le monsieur	gentleman
un appartement	flat	le neveu	nephew
attacher	to tie on	la nièce	niece
attendre	to wait (for)	un oncle	uncle
le bureau	office	perdre	to lose
le caoutchouc	rubber	plus bas	lower
le cousin	cousin	prends!	take!
descendre	to go down	presque	almost, nearly
en dessous	below	répondre	to answer
doucement	quietly	sauter	to jump
ensemble	together	sonner	to ring
les gens	people	il sort	he goes out
jeune	young	la tante	aunt
le jour	day	tirer	to pull
le journal	newspaper	toujours	still
au milieu	in the middle	tout de suite	at once

VOCABULAIRE B

aimable	pleasant, nice	inviter	to invite
une araignée	spider	pan!	bang!
attaquer	to attack	par-dessus	over
le balcon	balcony	perçant	piercing
le cri	shout	petit à petit	little by little
détestable	hateful	le salon	drawing-room
gronder	to scold	tous les deux	both (of them)
inquiet	worried		

DIXIÈME LEÇON

LOCUTIONS

à barbe blanche, with a white beard.
au secours! help!
ça y est presque! you're nearly there!
de mauvaise humeur, bad tempered.
dites donc! I say!
pendant quelque temps, for a while.
voilà, there, that's done.

UNE SURPRISE POUR M. GRINCHU

Madame Louise Legros, la sœur de Mme Duroc, a deux enfants, Jean-Pierre et Hélène. Un jour Mme Legros invite son neveu Roger et sa nièce Françoise à passer l'après-midi avec leurs cousins. La tante de Roger habite un appartement au milieu de Paris, près de l'Arc de Triomphe.

Quand les jeunes gens arrivent, leur tante ouvre la porte. (Monsieur Legros, leur oncle, n'est pas là parce qu'il travaille à son bureau.)

— Bonjour, mes enfants, dit la tante Louise.

— Bonjour, ma tante, répondent Roger et Françoise ensemble.

— Jean-Pierre et Hélène attendent dans le salon, dit Mme Legros. Vous pouvez jouer avec vos cousins pendant que je travaille dans la cuisine.

Les quatre cousins jouent ensemble pendant quelque temps et ils font beaucoup de bruit! Soudain quelqu'un sonne à la porte. Mme Legros ouvre la porte et les jeunes gens entendent la voix d'un homme très fâché.

— Madame, dit la voix. Vos_enfants font trop de bruit! Je ne peux pas lire mon journal.

— Pardon, monsieur, répond Mme Legros. Je suis désolée. Je vais dire tout de suite aux_enfants d'être sages et de jouer plus doucement.

— Merci, madame, dit l'homme.

Roger regarde ses cousins.

— Qui est-ce? demande-t-il.

— Oh! répondent Jean-Pierre et Hélène, c'est seulement M. Grinchu qui habite l'appartement d'en dessous. Il est détestable. Il est toujours de mauvaise humeur.

Madame Legros entre et gronde les_enfants . . . mais pas beaucoup, parce qu'elle aussi déteste M. Grinchu!

Roger ouvre les fenêtres et sort sur le balcon. Il regarde par-dessus le mur. Sur le balcon d'en dessous il y a un vieux monsieur à barbe blanche qui est_assis sur une chaise. Il lit son journal.

ROGER: Dites donc! J'ai une bonne idée. As-tu un bout de ficelle, Jean-Pierre?
JEAN-PIERRE: Je vais regarder. Oui, voilà un bout de ficelle.
ROGER: Merci.
JEAN-PIERRE: Pourquoi veux-tu de la ficelle? Qu'est-ce que tu vas faire?
ROGER: Attends! Tu vas voir. Voici une araignée en caoutchouc. Je vais_attacher l'araignée à la ficelle. Voilà. Maintenant nous_allons faire une bonne surprise à M. Grinchu.

(Les_enfants regardent par-dessus le balcon. Petit_à petit Roger laisse descendre l'araignée vers le nez de M. Grinchu.)

JEAN-PIERRE: Plus bas, Roger! Plus bas! Ça y est presque! (*Soudain, toc! L'araignée touche le nez de M. Grinchu.*)

M. GRINCHU (*ouvre les yeux et saute de sa chaise avec un cri perçant*): Aïe! Au secours! Qu'est-ce que c'est? Il y a quelque chose qui m'attaque!

M. Grinchu saisit l'araignée et tire. Mais Roger ne veut pas perdre son araignée et il tire aussi. Ils tirent tous les deux. Tout à coup la ficelle casse et . . . pan! M. Grinchu tombe à terre. Le pauvre M. Grinchu!

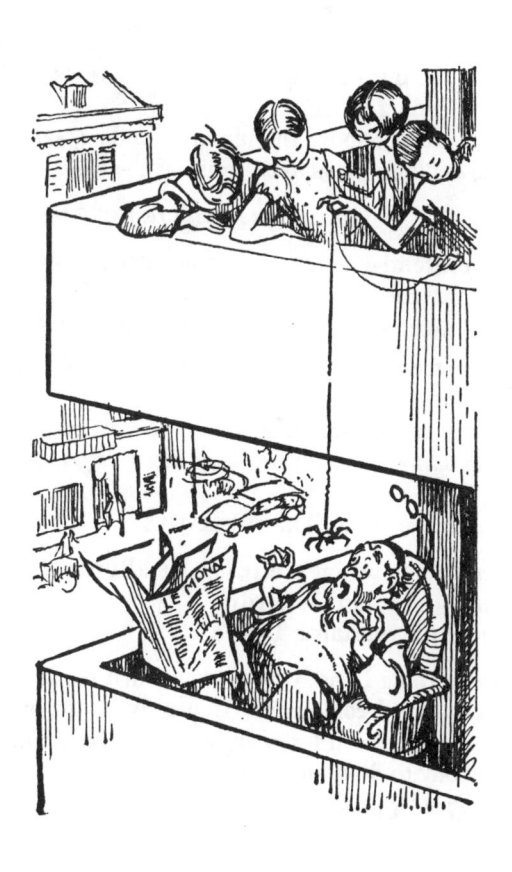

PHRASES À RÉPÉTER

Je ne peux pas lire mon journal.
Il est toujours de mauvaise humeur.
Dites donc! J'ai une bonne idée.
Qu'est-ce que tu vas faire?
Pardon, monsieur, je suis désolé(e).
Aïe! Il y a quelque chose qui m'attaque!

GRAMMAIRE

1. Regular Verbs in -RE

Here now is the third conjugation of regular verbs. These have their infinitive ending in -RE.

To find the stem, remove the infinitive ending, -RE. Onto the stem add the endings, -s, -s, (-t), -ons, -ez, -ent.

Attendre, to wait (for)

j'attend-*s*	nous attend-*ons*
tu attend-*s*	vous attend-*ez*
il attend*	ils attend-*ent*

*NOTE The t of the third person singular is dropped if the stem ends in a d.

Other verbs conjugated like **attendre** are: **perdre**, *to lose*, **répondre**, *to answer*, **descendre**, *to go down, to get off*.

2. The Imperative

N'oublie pas les cigarettes et les allumettes!
Allons jouer dans le jardin.
Entrez! dit madame Duroc.

If you are learning Latin, you will know that the word *imperative* comes from *impero*, I command. Imperative is the name given to that part of the verb used for *giving orders or commands*, that is, for telling somebody to do something.

>Go! Come! Take it! Don't eat them!

DIXIÈME LEÇON

1st Conjugation

2nd *sing.*	donne!*	give!
1st *plur.*	donnons!	let us give!
2nd *plur.*	donnez!	give!

*NOTE When the last vowel of the imperative singular is an **e** the **s** is left off. (This also happens with aller: va—allons—allez.)

2nd Conjugation

2nd *sing.*	finis!	finish!
1st *plur.*	finissons!	let us finish!
2nd *plur.*	finissez!	finish!

3rd Conjugation

2nd *sing.*	attends!	wait!
1st *plur.*	attendons!	let us wait
2nd *plur.*	attendez!	wait!

If you study the above examples you will see that there is nothing new to learn here. The imperative is merely three persons of the present tense with the pronoun (*tu, nous, vous*) left out.

NEGATIVE IMPERATIVE

The negative imperative is formed regularly:

N'oublie *pas* les cigarettes et les allumettes!
Do not forget the cigarettes and the matches!

(*Voir l'exercice* 4, *page* 102.)

3. INVERSION

« Aïe! » *crie-t-il.*
« Merci, madame, » *dit l'homme.*

Note that the subject always follows the verb after quoted speech.

4. GENDER RULE NO. 4

Nouns ending in **-ent** are *masculine*.

un appartement, *flat*
l'argent, *money*

One common exception is **la** dent, *tooth*, but there are very few such cases.

5. Irregular Verbs

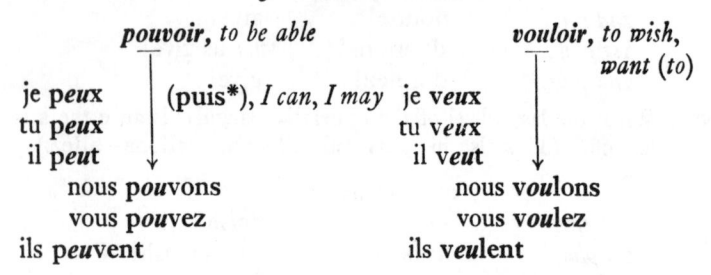

pouvoir, to be able

je p**eu**x
tu p**eu**x   (puis*), *I can, I may*
il p**eu**t
  nous p**ou**vons
  vous p**ou**vez
ils p**eu**vent

vouloir, to wish, want (to)

je v**eu**x
tu v**eu**x
il v**eu**t
  nous v**ou**lons
  vous v**ou**lez
ils v**eu**lent

*NOTE 1 The alternative form of the first person singular (puis-je? *may I? can I?*) is used in questions asking permission: Puis-je tailler mon crayon? Puis-je? is rather more formal than est-ce que je peux?

NOTE 2 Notice that when irregular verbs change their root vowel (p**ou**voir, je p**eu**x), this change always occurs in the same place, *i.e.*, in the *singular* and the *3rd person plural. The 1st and 2nd persons plural remain the same as the infinitive.*

NOTE 3 Here is a tip to help you to remember the meaning of **pouvoir** and **vouloir**:
    pouvoir You can only do things which are *possible* and in your *power* (**le pouvoir**);
    vouloir You *volunteer* for something which you want to do.

NOTE 4 Both these verbs, like **aller**, are used as "helpers" with another verb in the infinitive:

> Vous *pouvez* jouer avec vos cousins.
> *You may play with your cousins.*
> Nous *voulons* faire un gâteau.
> *We want to make a cake.*

(*Voir les exercices* 9, *page* 103 *et* A, *page* 217.)

Dictées

1. Bientôt ils‿arrivent au marché avec leurs paniers.
   Soon they arrive at the market with their baskets.

DIXIÈME LEÇON

2. Les_enfants n'écoutent pas bien la leçon.
   The children do not listen to the lesson properly.

3. Elle est fatiguée.   Elle va rester au lit.
   She is tired.   She is going to stay in bed.

4. Les paniers sont pleins et lourds.
   The baskets are full and heavy.

5. Ils_oublient les cochons qui mangent les fleurs.
   They forget the pigs which eat the flowers.

6. Où est-ce qu'il trouve la viande?   Par terre.
   Where does he find the meat?   On the floor.

EXERCICES

1. **Répondez aux questions:**
   (1) Combien d'enfants a Mme Legros?
   (2) Où est l'appartement des Legros?
   (3) Qui sont les cousins de Roger et de Françoise?
   (4) Qui ouvre la porte aux jeunes gens?
   (5) Pourquoi est-ce que M. Legros n'est pas à la maison?
   (6) Pourquoi est-ce que Mme Legros ne gronde pas beaucoup les enfants?
   (7) Comment est M. Grinchu?   Est-il aimable?
   (8) De quelle couleur est sa barbe?
   (9) Qu'est-ce que M. Grinchu crie quand l'araignée touche son nez?
   (10) Que fait M. Grinchu quand la ficelle casse?

2. **Répondez aux questions:**
   (1) Que fait M. Grinchu quand il saisit l'araignée?
   (2) Que fait Napoléon quand les enfants donnent un morceau de sucre au cheval?
   (3) Que fait Toutou quand il est content?
   (4) Que fait Toutou quand il est jaloux?
   (5) Que fait M. Postillon quand il est en colère?

(6) Que fait Roger quand il arrose les fleurs?
(7) Que fait M. Duroc dans son jardin?
(8) Que font les quatre cousins quand ils jouent ensemble?
(9) Que font Roger et Françoise et leur grand-père quand ils vont à la rivière?
(10) Que font Roger et Françoise quand ils ont toutes les provisions?

3. Mettez la forme correcte des verbes suivants:
(1) Nous (*attendre*) nos amis. (2) Il (*répondre*) à la question. (3) Vous ne (*faire*) pas votre devoir. (4) Les chats (*vouloir*) manger les souris. (5) (*Pouvoir*)-vous toucher le plafond? (6) Tu (*perdre*) tes chaussettes. (7) (*Vouloir*)-vous aller chez le boulanger? (8) Les jeunes gens ne (*pouvoir*) pas voir. (9) Mon neveu (*vouloir*) des jouets. (10) Je ne (*aller*) pas à Versailles.

4. Remplacez chaque phrase par un ordre (*Replace each sentence by an order*):
(*Exemples:* Tu vas fermer la porte=Ferme la porte!
  Vous allez planter les fleurs=Plantez les fleurs!
  Nous n'allons pas travailler=Ne travaillons pas!)
(1) Nous allons attraper des poissons.
(2) Tu vas parler français.
(3) Vous allez pêcher dans la rivière.
(4) Nous allons commencer la leçon.
(5) Vous n'allez pas punir le chien.
(6) Tu vas préparer le déjeuner.
(7) Nous n'allons pas pleurer comme une fontaine.
(8) Vous allez cultiver des fleurs.
(9) Tu ne vas pas regarder les animaux.
(10) Vous n'allez pas entrer dans la salle.
(11) Tu vas finir le travail.
(12) Nous allons manger les os.
(13) Vous allez traverser le plancher.
(14) Nous n'allons pas remplir le panier.
(15) Tu vas chercher ton crayon.

DIXIÈME LEÇON

5. Mettez les verbes suivants à l'interrogatif (N'oubliez pas le point d'interrogation — ?):
   (1) Il attaque. (2) Ils saisissent. (3) Vous n'êtes pas. (4) Je suis. (5) J'ai. (6) Je donne. (*Careful! Do not use inversion here.*) (7) Nous ne choisissons pas. (8) Elle oublie. (9) Tu n'es pas. (10) Elles pensent.

6. Traduisez les mots entre parenthèses (*in brackets*):
   (1) Où sont (*his*) pistolets? (2) Hélène est (*his*) cousine. (3) Nous allons à (*her*) école. (4) (*Our*) grand-mère est française. (5) Roger est (*her*) cousin. (6) Vous avez (*our*) canifs. (7) Nous perdons (*their*) argent. (8) Ils invitent (*your*) oncles. (9) Finissons (*our*) confiture. (10) Tu touches (*your*) oreille.

7. Mettez au pluriel:
   (1) L'animal est gris. (2) Ta voix est jolie. (3) Son nez est rouge. (4) Son œil bleu. (5) Mon beau cadeau. (6) Le bon gâteau. (7) Un cheval paresseux. (8) Un jeu amusant. (9) Tu as le bras long. (10) Il ouvre son journal.

8. Faites accorder les adjectifs (*Make the adjectives agree*):
   (1) Sa barbe est (noir). (2) Les os sont (gris). (3) Les roues sont (petit). (4) Ses livres sont (blanc). (5) Voilà notre (petit) maison. (6) Les fleurs sont (joli). (7) Les filles sont (méchant). (8) Des yeux (bleu). (9) Une (vrai) souris. (10) Ses copies sont (sale).

9. Traduisez en français:
   (1) We want to wait.
   (2) You *are going to wait.
   (3) He *does not wait.
   (4) He cannot wait.
   (5) *Are you waiting?
   (6) *Do you want to wait?
   (7) I *am not going to wait.
   (8) I *am waiting.
   (9) They *are not able to wait.
   (10) *Is she waiting?

   * *Attention!*

10. Traduisez en français:
    (1) We *do not want to lose our penknives.
    (2) What *are you going to do? I *am going to wait.

(3) Our flat is *in the middle of Paris.
(4) Her nephew and his niece *are playing in the drawing-room.
(5) *Do you hear the master? He is angry!
(6) I've a good idea! Let's eat the chocolate.
(7) Sometimes we meet our uncle in the street (*la rue*).
(8) You may play while they work.
(9) We *often go *to the baker's.
(10) The children *do not listen *to their aunt.

* *Attention!*

Jeu

Acrostiche (*Acrostic*)

(1) Mon premier est un animal qui donne du lait.
(2) Mon deuxième est un garçon ou une fille en classe.
(3) Les enfants attrapent des poissons dans mon troisième.
(4) Mon quatrième est le contraire (*opposite*) de « frère ».
(5) Maman et papa donnent des cadeaux quand vous avez mon cinquième.
(6) Êtes-vous stupide ? Non ? Vous êtes peut-être mon sixième.
(7) Si vous ne faites pas mon septième quand vous allez au marché vous oubliez quelque chose.
(8) Une vache donne mon huitième.
(9) Vous trouvez mon neuvième dans votre stylo.
(10) Sept jours font mon dixième.

Mon tout est le nom d'une ville non loin de Paris.

Verbes Quotidiens

1. il ? (**attraper**)   2. Écrivez: **faire** et **attendre**
   vous n. (**faire**)
   tu n ? (**avoir**)
   elles n. (**choisir**)
   ils n ? (**pêcher**)

3. Écrivez: **faire** et **pouvoir**

4. Écrivez: **vouloir** et **répondre**

5. Écrivez: **pouvoir** et **vouloir**

6. vous ? (**pouvoir**)
   tu (**pouvoir**)
   nous n. (**pouvoir**)
   je n. (**vouloir**)
   tu ? (**vouloir**)

7. il (**vouloir**)
   vous n. (**pouvoir**)
   nous (**vouloir**)
   elle n. (**pouvoir**)
   ils n. (**pouvoir**)

8. nous n. (**pouvoir**)
   il (**attendre**)
   ils (**vouloir**)
   tu n ? (**descendre**)
   vous ? (**vouloir**)

9. elles (**vouloir**)
   ils n ? (**pouvoir**)
   nous (**pouvoir**)
   elle ? (**répondre**)
   vous n. (**faire**)

10. nous n ? (**vouloir**)
    je ? (**pouvoir**)
    il n ? (**habiter**)
    elles (**perdre**)
    vous ? (**vouloir**)

LEÇON ONZE—ONZIÈME LEÇON

LE PROFESSEUR: Dites-moi vos noms. Comment vous‿appelez-vous?
L'ÉLÈVE A: Je m'appelle Charles, monsieur.
LE PROFESSEUR: Et vous? Comment vous‿appelez-vous?
L'ÉLÈVE B: Je m'appelle Henri, monsieur.

VOCABULAIRE A

bien sûr	of course	la pièce	coin
bon marché	cheap	le plaisir	pleasure
le billet	(bank) note	plus fort	louder
cher	dear, expensive	la poche	pocket
la cliente	(lady) customer	prêter	to lend
comment!	what!	le prix	price
coûter	to cost	rendre	to give back
écrire	to write	ne ... rien	nothing
envoyer	to send	sourd	deaf
essayer de	to try to	le télégramme	telegram
frais, fraîche	fresh	tendre	to hold out
le gouvernement	government	le timbre	stamp
mettre	to put	le tour	turn
la monnaie	change	utile	useful
le mot	word	vendre	to sell

VOCABULAIRE B

accepter	to accept	chic (*m. & f.*)	nice, decent
le bureau de poste	post-office	le colis	parcel
le centime	centime	désirer	to desire, want

la douzaine	dozen	le porte-monnaie	purse
un employé	clerk		
énorme	enormous	regretter	to be sorry
le guichet	counter	la valeur	value
l'impertinence (*f.*)	impertinence	si!	yes! (*when contradicting*)

LOCUTIONS

ça fait combien ? how much is that ?
et avec ça ? is there anything else ?
mais oui, oh yes.

AU BUREAU DE POSTE

(*Roger et Françoise entrent au bureau de poste et vont au guichet. Ils se trouvent derrière un vieux monsieur sourd qui essaie d'envoyer un gros colis.*)

LE VIEUX MONSIEUR: Je veux envoyer ce colis à Marseille.

L'EMPLOYÉ (*regarde le paquet énorme*): Je regrette, monsieur, votre paquet est trop lourd.

LE VIEUX MONSIEUR: Comment ! Ce n'est pas mon tour ! Si, c'est

	mon tour. (*Il regarde les jeunes gens.*) Ces jeunes personnes sont‿après moi. Elles doivent‿attendre.
L'EMPLOYÉ	(*parle plus fort*): Non, monsieur! Je dis que votre colis est trop lourd. Nous ne pouvons pas‿accepter les colis qui sont trop lourds.
LE VIEUX MONSIEUR:	Vous voulez‿accepter ce colis? Très bien. C'est combien?
L'EMPLOYÉ	(*crie très fort*): Je dis non, monsieur! Nous ne pouvons pas‿accepter votre colis. Vous ne pouvez pas‿envoyer ce colis. Il — est — trop — lourd!
LE VIEUX MONSIEUR:	Quelle impertinence! Je vais‿écrire au gouvernement. (*Il quitte le bureau de poste. Il est très fâché.*)
ROGER	(*à l'employé*): Cinq timbres, s'il vous plaît, monsieur.
L'EMPLOYÉ:	Quels timbres voulez-vous, jeune homme? De quelle valeur?
ROGER:	Des timbres à vingt centimes, s'il vous plaît. Et voulez-vous‿envoyer ce télégramme? (*L'employé compte les mots.*) C'est combien?
L'EMPLOYÉ:	Quatre francs avec les timbres.
ROGER	(*cherche son‿argent dans sa poche. Il ne trouve rien. Il cherche dans l'autre poche. Il ne trouve rien. Il est très‿inquiet*): Françoise, je ne peux pas trouver mon‿argent. Il doit‿être à la maison. Quelles pièces as-tu dans ton porte-monnaie? As-tu quatre francs?
FRANÇOISE	(*regarde dans son porte-monnaie*): J'ai quatre francs et dix centimes.
ROGER:	Prête-moi tes quatre francs, veux-tu?
FRANÇOISE	(*donne les quatre pièces à son frère*): Voilà, Roger. Mais tu dois rendre l'argent plus tard.

ROGER: Oui, oui, bien sûr. Merci beaucoup. Tu es chic! (*Il donne l'argent à l'employé.*) Voilà, monsieur.

L'EMPLOYÉ: Merci, jeune homme. Et voilà vos timbres. Les sœurs sont quelquefois utiles, n'est-ce pas?

CHEZ L'ÉPICIER

(*La cliente entre dans l'épicerie.*)

L'ÉPICIER: Bonjour, madame.
LA CLIENTE: Bonjour, monsieur.
L'ÉPICIER: Que désirez-vous ce matin?
LA CLIENTE: Du vin, s'il vous plaît, monsieur. (*Elle montre une bouteille.*) Quel est le prix de cette bouteille?
L'ÉPICIER: Quelle bouteille, madame? Cette bouteille-ci?
LA CLIENTE: Non, monsieur, cette bouteille-là.
L'ÉPICIER: Cette bouteille coûte deux francs, madame.
LA CLIENTE: Ce n'est pas cher.
L'ÉPICIER: Non, madame, c'est très bon marché.

LA CLIENTE: Alors, donnez-moi deux bouteilles de ce vin-là, s'il vous plaît.
L'ÉPICIER: Avec plaisir, madame.
LA CLIENTE: Est-ce que vous vendez des‿œufs?
L'ÉPICIER: Mais oui, madame. Nos‿œufs sont très frais.
LA CLIENTE: Donnez-moi une douzaine d'œufs, s'il vous plaît.
L'ÉPICIER (*compte les‿œufs*): Voilà, madame. Et avec ça?
LA CLIENTE: Avez-vous des sardines?
L'ÉPICIER: Non, madame, je regrette beaucoup. Nous n'avons pas de sardines.
LA CLIENTE: Alors, c'est tout, merci. Ça fait combien?
L'ÉPICIER: Ça fait quatre francs le vin et deux francs cinquante les‿œufs. Six francs cinquante, s'il vous plaît, madame. (*La cliente tend‿un billet de cinquante francs à l'épicier.*) Avez-vous de la monnaie, madame?
LA CLIENTE: Non, monsieur, je regrette, je n'ai pas de monnaie.
L'ÉPICIER (*rend la monnaie à la cliente*): Voilà, madame.
LA CLIENTE: Merci, monsieur. Voulez-vous mettre les‿œufs et le vin dans mon panier, s'il vous plaît?
L'ÉPICIER: Avec plaisir, madame. Voilà, madame.
LA CLIENTE (*regarde un des‿œufs*): Pardon, monsieur. Cet‿œuf est cassé.
L'ÉPICIER: Quel œuf, madame? Cet‿œuf-là?
LA CLIENTE: Oui, monsieur, cet‿œuf-ci.
L'ÉPICIER: Pardon, madame. Voici un‿autre œuf. Au revoir, madame, et merci beaucoup.
LA CLIENTE: Au revoir, monsieur.

PHRASES À RÉPÉTER

Voulez-vous‿envoyer ce télégramme?
Prêtez-moi de l'argent, s'il vous plaît.
Merci beaucoup, tu es chic!
Que désirez-vous ce matin?
Je regrette, je n'ai pas de monnaie.
Donnez-moi une douzaine d'œufs.

ONZIÈME LEÇON

GRAMMAIRE

1. The Interrogative and Demonstrative Adjectives

In the sentence:

Which hand do you choose? *This* hand or *that* hand?

which is the INTERROGATIVE ADJECTIVE and *this, that* are the DEMONSTRATIVE ADJECTIVES.

Which? What?

This adjective has four forms in French:

Masc. Sing.	*Fem. Sing.*	*Masc. Plur.*	*Fem. Plur.*
quel?	quelle?	quels?	quelles?

Quel œuf, madame?
Quelle bouteille, madame?
Quels timbres voulez-vous?
Quelles pièces as-tu dans ton porte-monnaie?

NOTE Quel! quelle! etc., can also be used in exclamations with the meaning of *what a . . . ! what . . . !*

| Quel bruit! | *What a noise!* |
| Quelle impertinence! | *What impertinence!* |

This, that, these, those

This adjective has four forms:

Masc. Sing.	*Fem. Sing.*	*Plural*
ce	cette	ces
cet (*before a vowel*)		

Voulez-vous envoyer ce télégramme?
Cet œuf est cassé.
Quel est le prix de cette bouteille?
Ces jeunes personnes sont après moi.

Stress

Sometimes it is necessary to stress *this* or *that*; *this* bottle or *that* egg.

To stress *this* add -ci to the noun:

>Cette bouteille-ci, madame?
>*This* bottle, madam?

To stress *that*, add -là to the noun:

>Non, cette bouteille-là.
>No, *that* bottle.

(*Voir les exercices* 5, 6, *page* 115 *et A, page* 218.)

2. Pas de . . .

>Avez-vous de la monnaie, madame?
>Non, monsieur, je regrette, je n'ai *pas de* monnaie.
>Avez-vous des sardines?
>Non, madame, je regrette, nous n'avons *pas de* sardines.

When du, de la, de l', des (*some*) is controlled by a verb in the *negative* giving the sense of *not any, none*, de alone is used.

NOTE de is written d' before a vowel:

>pas d'encre   pas d'enfants   pas d'œufs

(*Voir les exercices* 3, 4, *page* 115 *et B, page* 218.)

3. Reflexive Verbs

Ils *se trouvent* derrière un vieux monsieur.
Je *m'appelle* Charles.

Reflexive verbs are those which have an *object* which is the *same person as the subject* (*myself, yourself, himself, etc.*). They will be explained more thoroughly in a later lesson. Meanwhile, try to recognise them when you meet them.

4. Gender Rule No. 5

Most nouns ending in the *sound of a vowel* are *masculine*. (This does not include words ending in -e).

>**le bateau,** *boat*   **le bout,** *end, bit*
>**le paquet,** *packet*   **le déjeuner,** *lunch*

le soldat, *soldier*	le prix, *price*
le trou, *hole*	le colis, *parcel*
le mot, *word*	le milieu, *middle*

This, however, is more of a guide than a rule and there are several common exceptions for which you must be on the look out:

la radio, *radio*	une auto, *car*
l'eau (*f.*), *water*	la souris, *mouse*
la voix, *voice*	la fois, *time*

5. Irregular Verbs

dire, to say, to tell   *devoir*, to owe, to have to

je dis	je d*oi*s
tu dis	tu d*oi*s
il dit	il d*oi*t
nous di*s*ons	nous d*e*vons
vous di*tes**	vous d*e*vez
ils di*s*ent	ils d*oi*vent

*NOTE 1 This is the third of the only three verbs whose 2nd person plural ends in -tes (vous êtes, vous faites, vous dites).

NOTE 2 As well as meaning *to owe*, devoir is frequently used as a "helper" with a second verb (in the infinitive) to translate *must*, *have to*.

>Ces jeunes gens *doivent* attendre.
>*These young people must wait.*
>Mon argent *doit* être à la maison.
>*My money must be at home.*

(*Voir l'exercice C, page* 218.)

Dictées

1. Il attend ses neveux et ses nièces dans le salon.
He is waiting for his nephews and nieces in the drawing-room.

2. Nous ne pouvons pas entendre les voitures. Elles sont trop loin.
We cannot hear the cars. They are too far away.

3. Regarde le vieux monsieur à barbe blanche.
Look at the old gentleman with the white beard.

4. Ils cherchent les journaux de leur tante.
They are looking for their aunt's newspapers.

5. Nous_allons faire une bonne surprise à notre oncle.
We are going to give our uncle a nice surprise.

6. C'est trop cher.   Ne dépense pas ton_argent.
It's too dear.   Do not spend your money.

EXERCICES

1. **Répondez aux questions:**
    (1) Où vont les enfants quand ils entrent dans le bureau de poste?
    (2) Combien de timbres est-ce que Roger veut?
    (3) Qu'est-ce que le vieux monsieur essaie d'envoyer?
    (4) Est-ce que le vieux monsieur entend très bien?
    (5) Est-ce que l'employé peut accepter le gros colis?
    (6) Pourquoi est-ce qu'il ne peut pas accepter le colis?
    (7) Qu'est-ce que l'employé compte?
    (8) Qu'est-ce que Roger ne peut pas trouver?
    (9) Qu'est-ce que Françoise prête à son frère?
    (10) Est-ce que Roger doit rendre l'argent à sa sœur?

2. **Répondez aux questions:**
    (1) Que dit l'épicier à la cliente quand elle entre dans l'épicerie?
    (2) Combien de bouteilles de vin veut-elle?
    (3) Combien coûte la bouteille de vin?
    (4) Est-ce que l'épicier a des sardines?
    (5) Comment sont les œufs que l'épicier vend?
    (6) Combien d'œufs est-ce que la cliente veut?
    (7) Que répond la cliente quand l'épicier demande, « Avez-vous de la monnaie, madame? »
    (8) Qu'est-ce que la cliente tend à l'épicier?
    (9) Où est-ce que l'épicier met (*puts*) les œufs et le vin?
    (10) Que dit l'épicier quand sa cliente quitte l'épicerie?

ONZIÈME LEÇON

3. **Mettez tous les exemples suivants au négatif (*pas de* ...):**
   (1) du fromage (8) des cigarettes (15) un poisson
   (2) de la farine (9) une gomme (16) un crayon
   (3) de l'encre (10) de la confiture (17) du lait
   (4) un œuf (11) du vin (18) de la viande
   (5) du café (12) une souris (19) du papier buvard
   (6) un gâteau (13) de l'huile (20) des devoirs
   (7) de l'argent (14) des allumettes

4. **Répondez négativement (*Non* ...) aux questions:**
   (1) Avez-vous une queue? (*Non, je* ...)
   (2) Avez-vous un rat dans *votre poche? (*Non, je* ...)
   (3) Avez-vous de l'encre sur le nez? (*Non, je* ...)
   (4) Avez-vous un crocodile sous *votre chaise? (*Non, je* ...)
   (5) Avez-vous des bonbons dans la bouche? (*Non, je* ...)
   (6) Mangez-vous des souris? (*Non, je* ...)
   (7) Est-ce qu'un poisson a des jambes? (*Non, un poisson* ...)
   (8) Est-ce qu'un boulanger vend du lait? (*Non, un boulanger* ...)
   (9) Est-ce qu'un boucher vend du pain? (*Non, un boucher* ...)
   (10) Est-ce qu'un épicier vend des bicyclettes? (*Non, un épicier* ...)

   * *Attention!*

5. **Mettez *quel, quelle, quels,* ou *quelles*:**
   (1) ——— cuisine? (2) ——— rivières? (3) ——— odeur!
   (4) ——— animaux? (5) ——— excuse! (6) ——— objet?
   (7) ——— ville? (8) ——— fautes! (9) ——— confiture?
   (10) ——— argent?

6. **Mettez *ce, cet, cette* ou *ces*:**
   (1) ——— bouche; (2) ——— soldat; (3) ——— anniversaire; (4) ——— poche; (5) ——— semaine; (6) ——— vaches; (7) ——— enfant; (8) ——— choses; (9) ——— pied; (10) ——— école.

7. **Mettez au pluriel:**
   (1) Je réponds à la question du professeur. (2) Tu veux choisir ton cadeau. (3) Cet épicier vend l'œuf au client.

(4) Je fais bien mon devoir.   (5) Il remplit le panier de l'homme.
(6) Tu entends la voix du cheval.   (7) Il fait un gâteau.   (8) Il
doit travailler pour son maître.   (9) Cette femme est intelligente.   (10) L'œil de l'enfant est rouge.

8. **Mettez au singulier:**
    (1) Ils répondent à leurs professeurs.   (2) Quels ingrédients voulez-vous?   (3) Veulent-ils envoyer des colis?   (4) Nous attendons nos amis.   (5) Nos neveux ne peuvent pas manger ces œufs.   (6) Ces enfants punissent leurs chiens.   (7) Nous allons aux écoles.   (8) Cherchez vos cahiers.   (9) Ces élèves sont très méchants.   (10) Nous remplissons des bouteilles.

9. **Traduisez les mots entre parenthèses** (*in brackets*):
    (1) (*I am going to*) regarder les voitures.
    (2) (*We want to*) envoyer ce colis.
    (3) (*May I*) inviter mes amis?
    (4) (*You must*) toujours faire un bon devoir.
    (5) Il est sourd.   (*He cannot*) entendre.
    (6) L'argent (*must*) être à la maison.
    (7) Maman (*is going to*) gronder les méchants garçons.
    (8) (*We cannot*) accepter votre invitation.
    (9) Il y a un mur.   Les voitures (*cannot*) avancer.
    (10) (*We do not want to*) porter ce panier lourd.

10. **Traduisez en français:**
    (1) What is the price of these eggs?
    (2) Will you look *at my exercise, please?
    (3) I want to send this letter to Paris.
    (4) We sell two bottles of wine to the customer.
    (5) It is my turn.   They must wait.
    (6) They look *for their money in their pockets.
    (7) The grocer has no sugar to-day.
    (8) I cannot find my money.   Where is it?
    (9) Here are twenty francs.   I have no change.
    (10) *Stamps are useful, aren't they?

    * Attention!

ONZIÈME LEÇON

Jeu

Cette liste de provisions est en code (A=Z, B=Y, etc.). Pouvez-vous déchiffrer (*decipher*) la liste?

(1) UILNZTV
(2) XLMURGFIV
(3) SFROV
(4) HZIWRMVH
(5) KLRHHLM
(6) NLFGZIWV
(7) LVFUH
(8) KLREIV
(9) ERZMWV
(10) HFXIV

Verbes Quotidiens

1. ils (**avoir**)
   vous n. (**choisir**)
   tu? (**descendre**)
   elle n? (**aller**)
   ils (**faire**)

2. Écrivez: vouloir et devoir

3. Écrivez: pouvoir et dire

4. Écrivez: dire et devoir

5. elles? (**devoir**)
   vous (**dire**)
   nous (**devoir**)
   ils (**dire**)
   nous? (**dire**)

6. vous? (**dire**)
   tu n. (**pouvoir**)
   nous (**dire**)
   il n. (**perdre**)
   elle (**devoir**)

7. il (**aller**)
   vous n. (**faire**)
   tu? (**dire**)
   vous (**être**)
   ils (**dire**)

8. Écrivez: dire et devoir

9. je? (**pouvoir**)
   ils n. (**vouloir**)
   nous (**dire**)
   vous n. (**dire**)
   vous (**faire**)

10. elles? (**pouvoir**)
    je? (**pouvoir**)
    nous (**être**)
    vous n? (**dire**)
    nous (**vouloir**)

LEÇON DOUZE—DOUZIÈME LEÇON

LE PROFESSEUR: Bonjour, mes enfants.
LA CLASSE: Bonjour, monsieur. (*Quelqu'un frappe à la porte.*)
On frappe, monsieur.
LE PROFESSEUR: Entrez!
L'ÉLÈVE: Je m'excuse d'être en retard, monsieur.
LE PROFESSEUR: Asseyez-vous vite. Ne perdons pas de temps.

VOCABULAIRE A

d'abord	first of all	fort	strong, loudly
assez	enough	froid	cold
bas	low	gagner	to win
battre	to beat	heureux	happy
certain	certain	jusqu'à	as far as
changer	to change	large	wide
chaque	each	long	long
chaud	hot	malheureux	unhappy
le côté	side	mauvais	bad
à côté de	beside	mince	thin
la course	race	nager	to swim
dangereux	dangerous	neuf	brand new
décider	to decide	un peu	a little
déjà	already	le pont	bridge
départ	start	premier	first
difficile	difficult	prendre	to take
il dort	he is asleep	prochain	next
l'eau (*f.*)	water	se reposer	to rest
enfin	at last	un rire	laugh
un ennemi	enemy	le soleil	sun
étroit	narrow	sûr	safe
faible	weak	le temps	time
la fin	end	tout	all, whole

VOCABULAIRE B

bouder	to sulk	malhonnête	dishonest
car	for	marqué	marked
coincé	stuck	un obstacle	obstacle
courageux	brave	le passage	passage
le craquement	crack	la rive	bank
un écriteau	signboard	ronfler	to snore
en effet	indeed	sinistre	threatening
floc!	splash!	le signal	signal
grimper	to climb	la tortue	tortoise
honnête	honest	tricher	to cheat
le lièvre	hare		

LOCUTIONS

bonté divine! goodness gracious!
de l'autre côté, on the other side.
nom d'un chien! dash it all!
qu'il est haut! how high it is!

LA COURSE D'OBSTACLES

Un jour monsieur Petirond et monsieur Maigrecorps décident de faire une course d'obstacles.

« Petirond est gros et ses jambes sont courtes, dit M. Maigrecorps. Je suis sûr que je vais gagner. Je ne peux pas perdre. »

« Les jambes de Maigrecorps sont longues, c'est vrai, pense M. Petirond, mais elles sont minces et faibles. Je vais certainement gagner. Je ne peux pas perdre. »

Enfin le grand jour arrive. Quelqu'un donne le signal du départ. D'abord chaque homme doit passer entre deux hauts murs. Le passage est étroit. C'est facile pour M. Maigrecorps, qui est mince, mais c'est très difficile pour le pauvre M. Petirond qui est gros.

— Ouf! dit-il. Ce n'est pas possible. Ce n'est pas assez large pour moi!

Avec colère il regarde M. Maigrecorps qui passe facilement entre les deux murs.

Pendant que M. Petirond essaie d'arriver au bout du passage étroit, M. Maigrecorps va vers la rivière qui est le prochain obstacle. Sur la rivière il y a deux ponts et sur chaque pont il y a un écriteau. L'un porte le mot « sûr » et l'autre porte le mot « dangereux ». M. Maigrecorps regarde les deux ponts, puis il regarde M. Petirond qui est toujours coincé entre les deux murs. Il a une idée. (Je regrette de vous dire que son idée n'est pas très honnête. Non, elle est très malhonnête. Il va tricher!) Il change les deux écriteaux. Puis, il traverse la rivière par le pont qui est maintenant marqué « dangereux ». Mais les planches sont neuves et bonnes et il arrive facilement de l'autre côté.

Enfin M. Petirond arrive à la rivière. Il regarde les deux ponts.

— Ah! dit-il, un pont est sûr et l'autre pont est dangereux. Heureusement ils sont marqués. Je vais prendre le pont qui est marqué « sûr ».

DOUZIÈME LEÇON

Il commence à traverser le pont, mais les planches sont vieilles et mauvaises et quand il arrive au milieu il entend un craquement sinistre. Puis, floc! il tombe dans l'eau froide de la rivière. Il nage jusqu'à l'autre côté et grimpe sur la rive.

L'un après l'autre, M. Maigrecorps trouve tous les obstacles très faciles, mais le pauvre M. Petirond, qui a les jambes courtes, trouve les obstacles très difficiles et il est toujours derrière son rival.

Enfin, M. Maigrecorps arrive au dernier obstacle qui est un très haut mur. Il arrive vite de l'autre côté.

— Ha! ha! dit-il avec un rire. Petirond est trop gros pour grimper par-dessus ce mur. J'ai assez de temps pour me reposer un peu sur l'herbe.

Mais malheureusement il est fatigué et le soleil est chaud. Bientôt il commence à ronfler.

Enfin M. Petirond arrive au mur.

— Oh! là! là! dit-il. Qu'il est haut! Je ne peux pas grimper par-dessus ce mur-là! Il n'est pas assez bas.

Le pauvre M. Petirond est très malheureux. Mais parce qu'il est courageux aussi, il arrive de l'autre côté.

Mais bonté divine! Qu'est-ce que c'est que ça sur l'herbe à côté de la route? C'est M. Maigrecorps qui dort et qui ronfle très fort! M. Petirond est très content. Maintenant il ne peut pas perdre. Doucement il trotte vers la fin de la course.

Enfin M. Maigrecorps arrive.

— Nom d'un chien! crie-t-il quand‿il voit que le gros Petirond est déjà là.

— Bonjour, M. le Lièvre, dit M. Petirond avec un rire. La tortue arrive la première après tout!

Mais M. Maigrecorps n'est pas content. Non, il boude. Il n'aime pas perdre.

PHRASES À RÉPÉTER

Je suis sûr que je vais gagner.
Son‿idée n'est pas très‿honnête.
Il va battre son vieil ennemi.
Il est fatigué et le soleil est chaud.
Oh! là! là! Qu'il est haut!
Le gros monsieur est déjà là.

GRAMMAIRE

1. IRREGULAR FEMININE OF ADJECTIVES

Some adjectives, when adding **e** to form the feminine, undergo a slight spelling change. The most important of these are as follows:

1. Adjectives ending in **-er** change to **-ère**
   - premier — première — *first*
   - léger — légère — *light*

2. Adjectives ending in **-f** change to **-ve**
   - actif — active — *active*
   - neuf — neuve — *brand new*

3. Adjectives ending in **-x** change to **-se**
   - courageux — courageuse — *brave*
   - jaloux — jalouse — *jealous*

4. Note also the following irregular feminines:
   - beau* — belle — *beautiful, fine*
   - vieux* — vieille — *old*
   - nouveau* — nouvelle — *new*

bon	**bonne**	*good*
blanc	**blanche**	*white*
long	**longue**	*long*
gros	**grosse**	*large, fat*
doux	**douce**	*sweet, soft, quiet*

*NOTE 1 Beau, vieux and nouveau have a second singular form which must be used before a *masculine* noun beginning with a *vowel* or *h mute*.

un **bel** enfant	un **bel** homme	un **bel** ami
un **vieil** ennemi	un **vieil** homme	un **vieil** œuf
un **nouvel** ami	un **nouvel** autobus	le **Nouvel** An

This special form is used in the *singular only*. The plural is formed in the usual way.

    les beaux‿enfants   les vieux‿ennemis

NOTE 2 The feminine plural of all adjectives, whether regular or not, forms in the usual way by adding s to the feminine singular:
    actives   courageuses   premières

5. Tout, *all, whole*, drops the t in the masculine plural; otherwise it is regular.

tout le gâteau	*all the cake, the whole cake*
tous les autres	*all the others*
toute la classe	*all the class, the whole class*
toutes les rivières	*all the rivers*

    (*Voir les exercices* 3, 4, *pages* 126, 127.)

2. Position of Adjectives

Most adjectives in French are placed *after* the noun they qualify. A few common ones, however, are frequently placed in front of the noun. Here is a little rhyme to help you to remember them.

mauvais, méchant, vilain, beau,   (*bad - **naughty, wicked** - ugly - fine, beautiful, handsome*)
petit, haut, vieux, joli, gros,   (*small - high - old - pretty - large, fat*)
nouveau, gentil, jeune et bon,   (***new - kind - young - good***)
grand et meilleur, vaste et long.   (*big - **better - immense** - long*)

3. Adverbs

In English, most adverbs which are formed from an adjective end in *-ly*. The French equivalent is **-ment**.

1. Adjectives ending in a *vowel* add **-ment** directly to the *masculine singular*.

vrai	vraiment	*truly*
absolu	absolument	*absolutely*
rapide	rapidement*	*rapidly*

*NOTE Remember that vite by itself already means the same as **rapidement**, so do not add **-ment** to vite.

2. Adjectives ending in a *consonant* add **-ment** to the *feminine singular*.

furieux	furieu*s*ement	*furiously*
actif	acti*v*ement	*actively*
premier	premi*è*rement	*firstly*
doux	dou*c*ement	*softly, quietly*

3. A few adjectives form their adverbs irregularly. Here are three of the most important:

bon, *good*	bien, *well*
mauvais, *bad*	mal, *badly*
petit, *little (small)*	peu, *little (not much)*

   (*Voir les exercices* 5, *page* 127 *et* C, *page* 220.)

4. Pairs of Opposites

When learning vocabulary, it is a great help to try to arrange words, where possible, in "opposites". Here are some from this lesson. Try to keep a note of any others which you may meet.

facile	difficile	bas	haut
chaud	froid	bon	mauvais
étroit	large	bien	mal
faible	fort	vite	lentement
long	court	gagner	perdre
heureux	malheureux	honnête	malhonnête

DOUZIÈME LEÇON

5. Il y a

Note the negative and interrogative forms of **il y a**:

STATEMENT (*affirmative*)   **il y a**
          (*negative*)   **il n'y a pas**
QUESTION   (*affirmative*)   **y a-t-il? est-ce qu'il y a?**
          (*negative*)   **n'y a-t-il pas? est-ce qu'il n'y a pas?**
(*Voir les exercices* 6, *page* 127 *et A, page* 219.)

6. Irregular Verbs

prendre, *to take*	***mettre,*** *to put, to put on*
je prends	je mets
tu prends	tu mets
il prend	il met
nous prenons	nous mettons
vous prenez	vous mettez
ils prennent	ils mettent

Conjugated in the present tense like **prendre: comprendre,** *to understand.* Like **mettre: battre,** *to beat.*

Dictées

1. Quelles bouteilles, madame ? Ces bouteilles-là ?
   Which bottles, madam? Those bottles?
2. Avez-vous de la monnaie ? Non, je n'ai pas de monnaie.
   Have you any change? No, I have no change.
3. Quel est le prix de ces‿œufs ? Un franc vingt-cinq la douzaine. C'est bon marché.
   What is the price of these eggs? One franc twenty-five centimes a dozen. It is cheap.
4. Quelle impertinence ! Ils ne veulent pas prendre mon colis.
   What impertinence! They won't take my parcel.
5. Les sœurs sont quelquefois utiles, n'est-ce pas ?
   Sisters are sometimes useful, aren't they?
6. Vendent‿ils des sardines ? Non, ils ne vend**ent** pas de sardines.
   Do they sell sardines? No, they don't sell sardines.

EXERCICES

1. **Répondez aux questions:**
   (1) Comment sont les jambes de M. Petirond?
   (2) Comment sont les jambes de M. Maigrecorps?
   (3) Pourquoi est-ce que M. Petirond ne peut pas passer facilement entre les deux murs?
   (4) Est-ce que l'idée de M. Maigrecorps est honnête?
   (5) Que fait-il quand il arrive aux deux ponts? Est-ce qu'il triche?
   (6) Comment est-ce que les deux ponts sont marqués?
   (7) Que fait M. Maigrecorps quand il dort sur l'herbe à côté de la route?
   (8) Est-ce que le soleil est chaud ou froid?
   (9) Que dit M. Petirond quand il arrive au dernier obstacle?
   (10) Est-ce que M. Maigrecorps est content? Que fait-il?

2. **Répondez aux questions:**
   (1) Combien d'élèves y a-t-il dans votre classe?
   (2) Combien de mains avez-vous?
   (3) Quel âge avez-vous?
   (4) Combien d'œufs y a-t-il dans une douzaine?
   (5) Que dites-vous quand vous rencontrez quelqu'un dans la rue?
   (6) Quelle est la réponse (*reply*) à votre question?
   (7) Où habitez-vous?
   (8) Avez-vous une voiture?
   (9) Que dites-vous quand vous êtes en retard?
   (10) Que criez-vous si on frappe à la porte?

3. **Faites accorder l'adjectif:**
   (1) La (premier) fois.
   (2) Une femme (actif).
   (3) Une chose (curieux).
   (4) Une (bon) idée.
   (5) Une (vieux) planche.
   (6) Une (beau) fleur.
   (7) Un (beau) avion.
   (8) La (dernier) classe.
   (9) Une amie (heureux).
   (10) Le (Nouveau) An.
   (11) (Tout) les gens.
   (12) Une (gros) boîte.

(13) Un (vieux) ennemi.   (15) Une souris (blanc).
(14) Une (long) leçon.

4. **Mettez la forme correcte des mots entre parenthèses:**
   (1) (Tout) les garçons vont à l'école. (2) Le chien mange (tout) le gâteau. (3) (Tout) la classe travaille bien. (4) Il va à son bureau (tout) les matins. (5) (Tout) les planches sont vieilles.

5. **Complétez avec un adverbe:**
   (1) Un enfant poli parle toujours ———.
   (2) Un train lent roule (*goes*) ———.
   (3) Une personne aimable agit (*acts*) ———.
   (4) Un soldat courageux se bat (*fights*) ———.
   (5) Un mauvais stylo marche ———.
   (6) Un bon stylo marche ———.
   (7) Quelqu'un qui est impoli parle ———.
   (8) Un professeur furieux crie ———.
   (9) Un homme agressif agit ———.
   (10) Quelqu'un qui ne mange pas beaucoup, mange très ———.

6. **Répondez au négatif (*Non, il n'y a pas . . .*):**
   (1) Y a-t-il des bonbons dans votre bouche?
   (2) Y a-t-il un crocodile dans votre pupitre?
   (3) Y a-t-il de l'encre sur votre nez?
   (4) Y a-t-il un éléphant dans la salle de classe?
   (5) Y a-t-il de l'argent dans votre main?
   (6) Y a-t-il de la limonade dans votre encrier (*ink pot*)?
   (7) Y a-t-il des soldats dans le jardin?
   (8) Y a-t-il du papier buvard dans un gâteau?
   (9) Y a-t-il un trou dans votre chaussette?
   (10) Y a-t-il des animaux sur la lune?

7. **Mettez au pluriel:**
   (1) Il va à son bureau. (2) Je vais au marché. (3) Tu parles à ton cheval. (4) Elle va à mon école. (5) Il donne un morceau de sucre à son chien.

8. **Traduisez en français:**
   (1) We can wait. (2) We must wait. (3) We want to wait. (4) We are going to wait. (5) We are waiting. (6) We have to wait. (7) We wish to wait. (8) We cannot wait. (9) We do not wait. (10) We are able to wait.

9. **Donnez le français pour:**
   (1) His sister. (2) Her brother. (3) Her school. (4) Sometimes. (5) Break (*sing.*) the eggs. (6) May I have? (7) He is waiting for Roger. (8) "Ow!" he shouts. (9) Bad tempered. (10) No butter.

10. **Donnez le contraire de:**

(1) aimer	(5) le plancher	(9) léger	(13) grand
(2) gagner	(6) l'ennemi	(10) court	(14) heureux
(3) derrière	(7) bonjour	(11) bon	(15) large
(4) blanc	(8) commencer	(12) chaud	

11. **Traduisez en français:**
    (1) The men have to pass between two high walls.
    (2) It is not easy for the little man because he is fat.
    (3) M. Maigrecorps' ideas are not always honest.
    (4) Luckily M. Maigrecorps' legs are long.
    (5) The rivers are wide and the bridges are narrow.
    (6) When he changes the signboards, he cheats.
    (7) Do you want your lunch now? No, I'm going to wait.
    (8) The planks of the bridge are old. We are going to fall.
    (9) Soon he starts to snore loudly. What *a noise!
    (10) Cross the river. It is not difficult.

    * *Attention!*

Jeu

Voici dix questions et dix réponses. Écrivez d'abord la question, puis mettez la réponse correcte.

(1) Comment allez-vous?   Je veux ce vin-là.

DOUZIÈME LEÇON

(2) Que fait une poule ?   Elle fait ses devoirs.
(3) Quel âge avez-vous ?   J'habite Paris.
(4) Où habitez-vous ?   Oui, il est facile.
(5) Où allez-vous ?   J'ai deux frères.
(6) Comment est Roger ?   Je vais très bien.
(7) Combien de frères avez-vous ?   Je vais au marché.
(8) Que fait-elle ?   Elle fait 'cot-cot-cot-codète'.
(9) Quel vin voulez-vous ?   J'ai douze ans.
(10) Pouvez-vous faire ce jeu ?   Il est méchant.

Verbes Quotidiens

1. il (vouloir)
   vous n. (devoir)
   tu ? (descendre)
   elle n. (attendre)
   ils (pouvoir)

2. Écrivez : dire et mettre

3. Écrivez : devoir et prendre

4. Écrivez : battre et comprendre

5. elles ? (prendre)
   je (mettre)
   il n ? (prendre)
   ils (battre)
   nous ? (prendre)

6. vous ? (vendre)
   vous (prendre)
   nous (mettre)
   vous (dire)
   vous n. (faire)

7. il n. (mettre)
   vous (battre)
   nous (dire)
   vous n ? (devoir)
   ils (comprendre)

8. Écrivez : prendre et mettre

9. je n. (comprendre)
   nous (dire)
   nous (prendre)
   il n. (battre)
   vous n. (devoir)

10. elles (prendre)
    ils (vouloir)
    ils n. (pouvoir)
    elles (devoir)
    ils ? (faire)

LEÇON TREIZE—TREIZIÈME LEÇON

LE PROFESSEUR: Si je parle trop vite, qu'est-ce que vous devez dire?
LA CLASSE: Pardon, monsieur, je ne comprends pas. Voulez-vous parler plus lentement, s'il vous plaît?
LE PROFESSEUR: C'est ça.

(*Note:* **comprendre** is conjugated like **prendre**.)

VOCABULAIRE A

un **accident**	accident	une **histoire**	story
allumer	to light	**là-bas**	over there
un **arbre**	tree	**loin**	far
le **bois**	wood	**mouillé**	wet
la **branche**	branch	le **numéro**	number
brûler	to burn	à l'**ombre**	in the shade
la **bicyclette**	bicycle	**partir**	to leave, set off
le **clou**	nail	**peut-être**	perhaps
déchirer	to tear	**piquer**	to prick, sting
dimanche	Sunday	**quelques**	a few
la **douche**	shower-bath	**raconter**	to tell
à **droite**	on the right	le **repas**	meal
dur	hard	le **reste**	rest, remainder
une **église**	church	**sans**	without
un **endroit**	place, spot	**sec, sèche**	dry
la **famille**	family	**sécher**	to dry
le **feu**	fire	**si**	if; yes
la **feuille**	leaf	le **soir**	evening
la **forêt**	forest	**sortir**	to go out, come out
à **gauche**	on the left		

VOCABULAIRE B

à l'**aide de**	with the help of	le **chardon**	thistle
attention!	look out!	**chouette!**	Hooray! Good!
la **banane**	banana	la **flamme**	flame

la guêpe	wasp	la pomme	apple
la limonade	lemonade	la promenade	walk
la loupe	magnifying glass	raccommoder	to mend
mentir	to tell a lie		
ôter	to take off, take away	le sandwich	sandwich
		sévère	severe
la permission	permission	tout à coup	suddenly
le pique-nique	picnic	le vélo	bike

LOCUTIONS

ce n'est pas ton affaire, it's no business of yours.
faire du feu, to light a fire.
faire un pique-nique, to have a picnic.
la barbe! what a nuisance!
pousser un cri, to give a shout.
qu'est-ce qu'il y a? what's the matter?
tant pis! never mind!

LE PIQUE-NIQUE

C'est dimanche. Roger et Françoise passent quelques jours avec leurs parents chez des‿amis à Port-Marly, non loin de Versailles. Quand la famille sort de l'église, les jeunes gens demandent à leur mère la permission de faire un pique-nique dans la forêt.

Mme Duroc donne la permission et les‿enfants aident leur mère à préparer le repas.

Quand tout‿est prêt, Roger prend le panier et l'attache à son vélo. Puis, les‿enfants sortent de la maison et partent pour la forêt. Quand‿ils‿arrivent, ils cherchent un bon‿endroit pour faire leur pique-nique. Roger cherche à droite et Françoise cherche à gauche.

FRANÇOISE: Regarde, Roger! Voilà un bel endroit!
ROGER: Où?
FRANÇOISE: Là-bas. Il y a un bel endroit de l'autre côté de cette barrière-là. Nous‿allons être à l'ombre.
ROGER: Bon. Laissons nos bicyclettes ici sur l'herbe. (*Il grimpe sur la barrière. Malheureusement il déchire sa culotte sur un clou. Il la regarde.*) Accident

numéro un! Tant pis! C'est seulement une vieille culotte.

FRANÇOISE: Oh, Roger! Elle est neuve! C'est la première fois que tu la portes!

ROGER: Ce n'est pas grave. Maman va la raccommoder. Prenons notre pique-nique.

FRANÇOISE: Déjà?

ROGER: Oui. Voici un vieil arbre. Nous allons être à l'ombre sous les branches. Ouvre le panier. Qu'est-ce que nous avons?

FRANÇOISE: Il y a un paquet de sandwichs au fromage, un paquet de sandwichs à la confiture, deux œufs durs, quelques bananes, de belles pommes et deux bouteilles de limonade.

ROGER: Chouette!

FRANÇOISE: Nous ne pouvons pas manger tout cela!

ROGER: Si! Je peux le manger!

FRANÇOISE: Gourmand!

ROGER: Je ne suis pas gourmand! (*Il donne de la limonade à sa sœur, puis il prend la bouteille. Tout à coup il pousse un cri perçant.*) Aïe!

FRANÇOISE: Qu'est-ce qu'il y a?

ROGER: Il y a quelque chose qui me pique.

FRANÇOISE: C'est peut-être une guêpe. Regarde.

TREIZIÈME LEÇON

ROGER (*regarde sa jambe*): Non, c'est seulement un chardon. (*Il essaie d'ôter le chardon, mais il oublie la bouteille dans l'autre main et il se donne une bonne douche de limonade.*) Oh! La barbe! Regarde ma chemise. Elle est toute mouillée.

FRANÇOISE: Faisons du feu. Nous pouvons peut-être la sécher.

ROGER: Bonne idée. Cherchons des feuilles sèches et des morceaux de bois.

FRANÇOISE: As-tu des allumettes?

ROGER: Non, je n'ai pas d'allumettes. Mais j'ai une loupe. Avec la loupe et les rayons du soleil nous pouvons allumer le feu. (*Roger trouve des feuilles sèches et à l'aide de la loupe et des rayons du soleil il fait du feu. Puis il ôte sa chemise qu'il met devant les flammes.*)

FRANÇOISE: Attention! Tu la brûles! (*Roger saisit vite la chemise mais c'est trop tard.*) Accident numéro deux!

ROGER: Tant pis! C'est seulement une vieille chemise.

FRANÇOISE: Roger! Tu mens! Elle est neuve aussi.

ROGER: Oh! là! là! Les filles! Regarde! C'est seulement un petit trou. Maman va la raccommoder. Ce n'est pas ton affaire!

Le reste de l'après-midi passe

sans autre accident, mais quand Roger raconte l'histoire de la culotte déchirée et de la chemise brûlée sa mère est furieuse.

— Roger! dit-elle sévèrement, ta nouvelle culotte et ta nouvelle chemise! Tu vas monter tout de suite au lit sans souper.

Très fâché Roger monte dans sa chambre. Quelle fin triste à une bonne journée!

PHRASES À RÉPÉTER

Roger cherche à droite, Françoise à gauche.
Voilà un bel endroit.
Nous allons être à l'ombre.
Qu'est-ce qu'il y a?
Je n'ai pas d'allumettes.
Cherchons des feuilles sèches et du bois.

GRAMMAIRE

1. Conjunctive (Weak) Pronouns. (Direct Object)

Roger prend le panier et *l'*attache à son vélo.
Aïe! Il y a quelque chose qui *me* pique.
Roger déchire sa culotte. Il *la* regarde.

Subject		*Direct Object*	
je	I	me	me
tu	you	te	you
il, elle	he, she, it	le, la	him, her, it
nous	we	nous	us
vous	you	vous	you
ils, elles	they	les	them

Position

The position of the object pronoun is not always the same in French as it is in English. It is placed *before* the verb except when it is used after an AFFIRMATIVE COMMAND. (Affirmative is the opposite of negative.)

Before the verb

STATEMENT (affirmative)		Vous **les** mangez
(negative)		Vous ne **les** mangez pas
QUESTION (affirmative)		**Les** mangez-vous?
(negative)		Ne **les** mangez-vous pas?
COMMAND (negative)		Ne **les** mangez pas!

but

After the verb

COMMAND (affirmative)   Mangez-**les**!

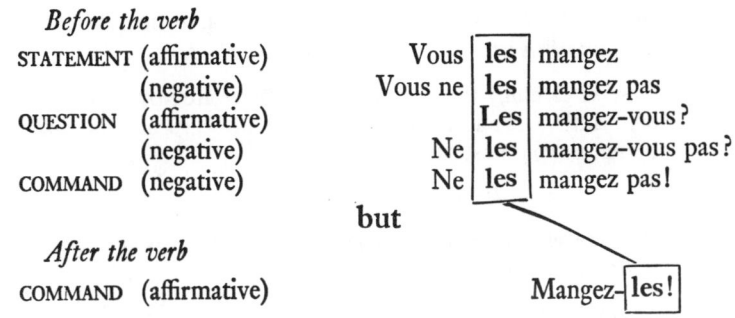

To sum up:

Always put the object pronoun *before* the verb unless you are *telling someone to do something*.

NOTE 1 After an affirmative command **moi** is used instead of me
                     Regardez-moi!   *Look at me!*

NOTE 2 Any pronoun placed *after* its verb must be joined to the verb by a *hyphen*. Look at the above examples.

(*Voir les exercices* 3, 4, 5, *page* 139 *et A* (*i*) *à* (*iii*), *B, pages* 219, 220)

2. Partitive de and Quantity

1. As-tu des_allumettes? Non, je n'ai pas *d*'allumettes.

2. Deux paquets *de* sandwichs et une bouteille *de* limonade.

3. Ils ont *de* belles pommes.

Study these examples carefully. You will see that in all of them the *partitive article* (du, de la, de l', des) has been replaced by **de** (or **d'**).

This change takes place:

1. When the indefinite article (*a*) or the partitive article (*some, any*) is controlled by a *negative*, giving the sense of *not any*.

il a **un** crayon	il n'a pas *de* crayon
il mange ***de la*** viande	il ne mange pas *de* viande
nous avons ***des*** cahiers	nous n'avons pas *de* cahiers

2. In expressions of quantity which answer the question **combien?** (*how much, how many?**).

Il a beaucoup *de* bonbons.   Une boîte *d*'allumettes.
He has a lot of sweets.   *A box of matches.*

*NOTE Observe carefully that *some eggs*, *some butter* are NOT expressions of quantity. You are not told how many eggs or how much butter, so you must say:

des œufs   **du** beurre

If, however, *the amount is stated*, *e.g.*, a dozen eggs, a pound of butter, then you say:

une douzaine *d*'œufs   **une livre *de* beurre**

3. When translating *some* or *any* with a *plural* noun which has an *adjective in front of it*.

des pommes   *but*   **de** belles pommes
des amis   *but*   **de** bons amis

To sum up:

1. **Pas de...**
2. **Combien de...?**
3. **De** + ADJECTIVE + NOUN (*in the plural*).

Here are some useful expressions of quantity:

combien de	how much, how many?
assez de	enough
beaucoup de	much, many, a lot, a great deal
trop de	too much, too many
tant de	so much, so many
un peu de	a little, a bit.

Liquides

un litre de	a litre
une bouteille de	a bottle
un verre de	a glass
une tasse de	a cup
un pot de	a pot, a jug

Solides

un kilo de	a kilo
une livre de	a pound
cent grammes de	100 grammes
un panier de	a basket
une boîte de	a box, tin
un sac de	a sack, bag
une douzaine de	a dozen

NOTE 1 un kilo(gramme) = 1,000 grammes (a little over 2 lb.)
　　　　une livre　　　 = 500 grammes (just over the English pound)
　　　　100 grammes　　= just under ¼ lb.
　　　　un litre　　　　= just under a quart (4½ litres = 1 gallon)

NOTE 2 After **assez** and **trop**, *to* is translated by **pour**:
　　　　J'ai *assez* d'œufs *pour* faire un gâteau.
　　　　I have enough eggs to make a cake.
　　　　Il est *trop* gros *pour* passer entre les murs.
　　　　He is too fat to get between the walls.

(*Voir les exercices* 6, 7, *page* 140.)

3. Questions with a Noun Subject

We saw in Lesson 8, page 76, that the easiest way to translate a question whose subject is a noun is by using **est-ce que**.

　　　　　　Jean joue bien　　　*John plays well.*
　　Est-ce que Jean joue bien?　*Does John play well?*

There is another way of turning this kind of question. Though you need not use it yourself for some time, you must learn to recognise it.

STATEMENT: **Jean prend le cahier.**　　　*John takes the book.*
QUESTION: **Jean prend-*il* le cahier?**　*Does John take the book?*
STATEMENT: **Les élèves font le devoir.**　*The pupils do the prep.*
QUESTION: **Les élèves font-*ils* le devoir?**　*Do the pupils do the prep.?*

All one needs to do is to add the pronoun corresponding to the noun subject after the verb.

4. Irregular Verb

Dormir, *to sleep*

je dor*s*　　　　nous dorm*ons*
tu dor*s*　　　　vous dorm*ez*
il dor*t*　　　　ils dorm*ent*

Conjugated like **dormir** are:

    sentir, *to feel*   **partir,** *to leave, set off*
    mentir, *to tell a lie*   **sortir,** *to go, come out*
    servir, *to serve*

The stems for this group of verbs are as follows:

Stem of Sing.:   1st 3 letters of the infinitive: **dor-, men-, sen-,** etc.

Stem of Plural: 1st 4 letters of the infinitive: **dorm-, ment-, sent-,** etc.

Courir, to run

je cour**s**	nous cour**ons**
tu cour**s**	vous cour**ez**
il cour**t**	ils cour**ent**

As you will see, this verb is nearly the same as the group above except that it has the same stem throughout.

Dictées

1. Ces vieilles dames sont belles et heureuses.
   These old ladies are beautiful and happy.
2. Le nouvel élève vole avec le bel aviateur dans‿un vieil avion.
   The new pupil flies with the handsome airman in an old aeroplane.
3. La basse-cour est pleine de beaux‿animaux.
   The farmyard is full of fine animals.
4. Ces jeunes filles gagnent tous les prix dans toutes les classes.
   These girls win all the prizes in all the classes.
5. Les‿enfants doivent‿être polis et parler poliment.
   Children must be polite and speak politely.
6. Une bonne montre marche bien mais‿une mauvaise montre marche mal.
   A good watch works well but a bad watch works badly.

EXERCICES

1. Répondez aux questions:
   (1) Où va la famille Duroc le dimanche matin?

(2) Qu'est-ce que les enfants cherchent quand ils arrivent au milieu de la forêt?
(3) Que fait Roger quand il grimpe par-dessus la barrière?
(4) Qu'est-ce que les enfants mangent pour leur pique-nique?
(5) Pourquoi est-ce que Roger pousse un cri perçant?
(6) Qu'est-ce que les enfants cherchent pour faire du feu?
(7) Roger a-t-il des allumettes?
(8) Comment allume-t-il le feu?
(9) Que fait Roger quand il sèche sa chemise?
(10) Madame Duroc est-elle contente quand elle voit la chemise brûlée et la culotte déchirée?

2. Mettez la forme correcte du verbe:
(1) Il (*entendre*) la voix. (2) (*Écouter*) ton père. (3) Nous (*prendre*) le train. (4) Je (*mettre*) la fleur dans le vase. (5) Ils (*devoir*) l'écouter. (6) Ils (*courir*) très vite. (7) Ils (*punir*) les enfants. (8) Elles (*partir*) de bonne heure. (9) Tu (*dormir*) déjà. (10) Ils (*sortir*) de la maison.

3. Remplacez (*replace*) les mots en italiques par des pronoms:
(1) Nous mangeons *les œufs*. (2) Elle brûle *la chemise*. (3) Nous prenons *le vélo*. (4) Je mets *l'argent* dans ma poche. (5) Nous entendons *la voix*. (6) *Les enfants* allument *le feu*. (7) *M. Maigrecorps* change *les écriteaux*. (8) Ne cassez pas *les fenêtres*. (9) Écoutez *le professeur*. (10) *Les femmes* ne cassent pas *les œufs*.

4. (*a*) Mettez au négatif:
(1) Prenez-le! (2) Mangez-les! (3) Cassons-la! (4) Traversez-la! (5) Regardez-moi!
(*b*) Mettez à l'affirmative:
(1) Ne les touchez pas! (2) Ne l'allumez pas! (3) Ne les mangeons pas! (4) Ne l'arrose pas! (5) Ne l'écoutons pas!

5. Répondez aux questions suivantes avec des pronoms à la place (*in place of*) des noms:
(1) Est-ce que Roger déchire sa culotte?

(2) Est-ce qu'il brûle sa chemise ?
(3) Est-ce que les enfants trouvent le bel endroit ?
(4) Est-ce que Roger attache le panier ?
(5) Les enfants mangent-ils les sandwichs ?
(6) Est-ce que le chardon pique Roger ?
(7) Est-ce qu'ils allument le feu ?
(8) Roger oublie-t-il la bouteille ?
(9) Roger raconte-t-il l'histoire ?
(10) Aimez-vous les poupées ?

6. (*a*) Mettez le français pour *some* devant chaque mot.
   (*b*) Mettez le français pour *not any* devant chaque mot.
   (*c*) Mettez une expression de quantité devant chaque mot.
   (Vous pouvez regarder la page 136).

(1) argent	(6) œufs	(11) confiture	(16) huile
(2) vin	(7) limonade	(12) lait	(17) viande
(3) eau	(8) farine	(13) pain	(18) poisson
(4) beurre	(9) encre	(14) sardines	(19) raisins secs
(5) fromage	(10) café	(15) cigarettes	(20) bois

(*d*) Mettez le français pour *some* devant chaque groupe de mots:

(1) arbres verts	(6) œufs frais	(11) belles fleurs
(2) beaux arbres	(7) vieilles femmes	(12) fleurs jaunes
(3) longues jambes	(8) poissons rouges	(13) nouveaux avions
(4) leçons difficiles	(9) ponts étroits	(14) hauts murs
(5) jolis jardins	(10) vieux ennemis	(15) hommes furieux

7. Remplacez le tiret (*dash*) par ***du, de la, de l', des*** ou ***de***:
   (1) Les marchands ont ——— beurre.
   (2) Vendent-ils ——— confiture ?
   (3) Ils ont beaucoup ——— œufs.
   (4) Nous avons ——— belles voitures.
   (5) Ils ont ——— œufs frais.
   (6) Avez-vous ——— argent ?
   (7) Non, je n'ai pas ——— argent.
   (8) Ils ont ——— jolis jardins.

TREIZIÈME LEÇON

(9) Voici ——— encre rouge.
(10) Vous avez ——— leçons difficiles.
(11) Il a ——— longues jambes.
(12) Voici un paquet ——— sucre.
(13) Je ne veux pas ——— eau.
(14) Vous avez ——— cheveux sur la tête.
(15) N'y a-t-il pas ——— encre dans l'encrier?
(16) Le pont a ——— vieilles planches.
(17) Donnez-moi une douzaine ——— œufs.
(18) Nous n'avons pas ——— monnaie.
(19) Dans la boîte il y a ——— craie.
(20) Avez-vous assez ——— encre?

8. **Donnez le contraire de:**
    (1) nouveau   (4) arriver   (8) difficile
    (2) plein   (5) sans   (9) poliment
    (3) entrer   (6) demander (10) aimable
                  (7) lentement

9. **Faites accorder l'adjectif:**
    (1) Une (beau) fille. (2) Une (vieux) tante. (3) Le (nouveau) élève. (4) Ces pensées sont (bon). (5) Une assiette (léger). (6) Une voiture (neuf). (7) Une voix (furieux). (8) Un (beau) avion. (9) Ce (vieux) arbre. (10) Une (nouveau) cravate.

10. **Mettez au pluriel:**
    (1) Un bel os. (2) Un vieil arbre. (3) Un nouvel avion. (4) Une belle voix. (5) Un vieux cheval.

11. **Traduisez en français:**
    (1) Look at me.   (6) Later.
    (2) Don't do it.   (7) I can't go.
    (3) I have no change.   (8) A lovely spot.
    (4) They wait for him.   (9) Never mind.
    (5) Why not?   (10) What is that?

12. **Donnez le français pour:**
    (1) Enough eggs. (2) A lot of water. (3) Too much meat. (4) Lemonade and wine. (5) Much flour. (6) A few apples.

(7) Some good friends. (8) A glass of water. (9) How many kilos? (10) So much cheese.

13. Traduisez en français:
    (1) Have you enough eggs to make a cake?
    (2) Look out! Don't burn your dress!
    (3) What *a nuisance! I cannot light the fire.
    (4) You eat too much sugar. You do not eat enough apples.
    (5) Let's run quickly. The car is going to leave.
    (6) Do you want any water? No, not now, thank you.
    (7) Roger has no matches, but he has a magnifying glass.
    (8) Are the children listening *to their master?
    (9) Do they sell *meat *at the baker's?
    (10) What is the price of that cheese over there?
    * *Attention!*

Jeu

Acrostiche

(1) Vous trouvez mon premier devant ou derrière une maison.
(2) Mon deuxième est un liquide dans votre stylo.
(3) Mon troisième est un animal qui a de longues oreilles et qui n'est pas très intelligent.
(4) Mon quatrième est un verbe: une action que vous faites quand vous êtes dans l'eau.
(5) Mon cinquième est la petite maison d'un chien.
(6) Mon sixième est la maison des chevaux.
(7) Vous mangez avec mon septième. Elle est dans votre bouche.
(8) Vous achetez beaucoup de choses avec mon huitième.
(9) Mon neuvième est un verbe: une action que M. Maigrecorps fait quand il dort.
(10) Si vous êtes un garçon vous portez mon dixième. Roger la brûle.

Mon tout est le nom d'une jeune fille française brûlée vive à Rouen en 1431.

Verbes Quotidiens

1. je ? (devoir)
   nous n ? (battre)
   tu (comprendre)
   elle ? (écouter)
   vous (pouvoir)

2. Écrivez: **finir** et **dormir**

3. Écrivez: **sortir** et **courir**

4. Écrivez: **courir** et **partir**

5. nous n. (dormir)
   ils (punir)
   ils ? (sortir)
   ils (courir)
   nous (finir)

6. vous ? (comprendre)
   tu n. (mentir)
   nous (courir)
   je n. (sentir)
   vous (partir)

7. il (dormir)
   je (servir)
   tu ? (courir)
   nous (devoir)
   elle n ? (partir)

8. Écrivez: **servir** et **courir**

9. tu (devoir)
   ils n. (prendre)
   nous (faire)
   vous (dire)
   vous (faire)

10. elles ? (choisir)
    ils (partir)
    tu n ? (sentir)
    elles (devoir)
    vous ? (dormir)

LEÇON QUATORZE—QUATORZIÈME LEÇON

L'ÉLÈVE: Comment dit-on *to understand* en français?
LE PROFESSEUR: On dit **comprendre**.
L'ÉLÈVE: Que veut dire **on** en anglais?
LE PROFESSEUR: **On** veut dire *one*.

VOCABULAIRE A

un agent de police	policeman	payer	to pay (for)
le ciel	sky	la place	seat
le cinéma	cinema	plusieurs	several
le coin	corner	pour	in order to
comme	like, as	pressé	in a hurry
encore	again	reculer	to move, draw back
le film	film	sauf	safe
la fumée	smoke	savoir	to know
garder	to guard	le serpent	snake
là-haut	up there	la somme	sum
libre	free	triste	sad
longtemps	a long time	la vitesse	speed
le magasin	shop	le voleur	thief
le monde	world, people		

VOCABULAIRE B

accompagner	to accompany	la joie	joy
un arrêt	(bus) stop	magnifique	magnificent
un autobus	bus	le passant	passer by
complètement	completely	la pompe à incendie	fire-engine
en effet	indeed	le pompier	fireman
exact	exact	le receveur	conductor
formidable	terrific	le spectacle	sight
un incendie	fire	splendide	splendid
		le tuyau	pipe, hose

QUATORZIÈME LEÇON

LOCUTIONS

à toute vitesse, at full speed.
faire une promenade, to go for a walk.
le jeudi après-midi, on Thursday afternoons.
le voilà qui arrive, there it is coming.
les places, s'il vous plaît, fares, please.

L'INCENDIE

C'est aujourd'hui jeudi. Comme il n'y a pas de classe en France le jeudi après-midi Roger et Françoise sont libres.

— Qu'est-ce que nous allons faire? demande Françoise
— Il y a un très bon film au cinéma Rex, répond son frère.
— Comment s'appelle-t-il, ton film?
— *Le Monde du Silence.*
Les enfants demandent à leur mère la permission de le voir.
— Très bien, dit Mme Duroc. Avez-vous de l'argent?
— Oui, maman, merci. Nous avons assez d'argent. Le voici.

Toutou saute de joie. Il sait que son jeune maître va faire une promenade et il les aime beaucoup. Il remue sa petite queue blanche.

— Non, Toutou, dit Roger. Tu ne peux pas nous accompagner cette fois. Tu vas rester ici pour garder la maison. Il y a des voleurs, tu sais.

Toutou regarde tristement le départ des enfants, mais il est très fier. Les jeunes gens vont au coin de la rue, où ils attendent l'autobus à l'arrêt.

FRANÇOISE: C'est quel numéro?
ROGER: Le cent soixante-treize.
(*Les deux premiers autobus qui passent portent un autre numéro.*)
FRANÇOISE: Tu es sûr que c'est ici que nous devons attendre?

ROGER: Oui. Certain. Regarde, le voilà qui arrive maintenant.

(*Les enfants montent dans l'autobus et prennent leurs places.*)

LE RECEVEUR: Les places, s'il vous plaît.

ROGER (*à sa sœur*): As-tu de la monnaie, Françoise? J'ai seulement un billet de dix francs pour payer les places au cinéma.

FRANÇOISE (*ouvre son porte-monnaie et tend la somme exacte au receveur*): Quatre tickets*, s'il vous plaît, monsieur.

LE RECEVEUR: Voilà, mademoiselle.

FRANÇOISE: Merci bien, monsieur.

(*Soudain ils entendent un grand bruit. Pim! Pom! Pim! Pom! Pim! Pom! Une pompe à incendie passe à toute vitesse, puis une deuxième, puis une troisième.*)

ROGER: C'est un incendie! (*Les enfants regardent à droite et à gauche par la fenêtre.*)

FRANÇOISE: Est-ce que tu le vois?

ROGER: Non, pas encore. (*L'autobus stoppe. Tout le monde attend.*)

UN VIEUX MONSIEUR (*d'une voix fâchée*): Pourquoi n'avançons-nous pas? Je suis pressé. J'ai un train à prendre.

* Françoise asks for *four* tickets because in Paris the passenger buys one ticket for each section or stage of the journey. For their journey from the Porte de Neuilly to the cinema they need two tickets each.

QUATORZIÈME LEÇON 147

ROGER : Descendons ici. Le cinéma n'est pas loin. (*Ils descendent de l'autobus et traversent la rue. Pim! Pom! Pim! Pom! Deux autres pompes à incendie arrivent avec un bruit formidable.*)
FRANÇOISE : C'est peut-être un des grands magasins qui brûle.
ROGER : Regarde! Là-haut! Tu vois? Voilà la fumée. Le ciel est tout rouge. Ce n'est pas très loin, c'est certain.
(*Ils marchent dans la direction de la fumée et tournent le coin au bout de la rue.*)
FRANÇOISE : Roger! Regarde! C'est le cinéma! C'est le Rex qui brûle!

En effet des flammes rouges et jaunes sortent du toit et montent vers le ciel. Partout il y a des pompes à incendie et des pompiers. Leurs tuyaux sont comme de longs serpents.

— Reculez! s'il vous plaît, crient les_agents de police. Ne poussez pas!

Les_enfants regardent longtemps le spectacle magnifique du cinéma qui brûle.

— Oh, Roger, dit Françoise. Quel spectacle splendide! Mais que c'est terrible! Est-ce que tous les gens sont saufs?

— Oui, mademoiselle, répond_un passant. Tout le monde est sauf. Mais le pauvre Rex est complètement brûlé.

Lentement les_enfants rentrent à la maison. Quelle histoire ils_ont à raconter à leurs parents!

PHRASES À RÉPÉTER

Avec mes_yeux je regarde.
Quand je regarde, je vois.
Avec mes_oreilles j'écoute.
Quand j'écoute, j'entends.
Je suis pressé. J'ai un train à prendre.
Descendons ici. Le cinéma n'est pas très loin.

GRAMMAIRE

1. Cardinal Numbers *(Les Nombres Cardinaux)*

0 Zéro	15 **Quinze**	70 **Soixante-dix**
1 **Un, une**	16 **Seize**	71 Soixante et onze
2 **Deux**	17 **Dix-sept**	80 **Quatre-vingts**
3 **Trois**	18 **Dix-huit**	81 Quatre-vingt-un
4 **Quatre**	19 **Dix-neuf**	82 Quatre-vingt-deux
5 **Cinq**	20 **Vingt**	90 Quatre-vingt-dix
6 **Six**	21 Vingt et un	91 Quatre-vingt-onze
7 **Sept**	30 **Trente**	99 Quatre-vingt-dix-neuf
8 **Huit**	31 Trente et un	100 **Cent**
9 **Neuf**	40 **Quarante**	101 Cent un
10 **Dix**	41 Quarante et un	200 Deux cents
11 **Onze**	50 **Cinquante**	201 Deux cent un
12 **Douze**	51 Cinquante et un	1,000 **Mille**
13 **Treize**	60 **Soixante**	2,000 Deux mille
14 **Quatorze**	61 Soixante et un	

QUATORZIÈME LEÇON

When learning the numbers the first thing to do is to make sure that you know (and can spell!) those printed in heavy type. These are the key numbers from which the others are built up.

Up to 60 the numbers are formed in tens, as in English, but from 60 to 100 the counting is done in twenties.

>70 is 60+10   **soixante-dix**
>80 is 4×20   **quatre-vingts**
>90 is 4×20+10   **quatre-ving*t*-dix**

Note carefully the following spelling rules:

1. *Et.* Et is used in 21, 31, 41, 51, 61 and 71 only.
2. *Hyphen* (**le trait d'union**). The hyphen is used to join all compound numbers from 17 to 99 *except* those joined by et.

Learn this sentence by heart:

> **Il n'y a pas de trait d'union avec cent, mille, et.**

That is, never put a hyphen either side of **cent**, **mille** or **et** (*but put one in between all other parts of a compound number*).

3. *Plural.* Vingt and cent only take an s in the plural when they are *not followed by another number*. Mille *never* has an s.

NOTE Never put un in front of **cent** or **mille**.

> *One* hundred is   cent
> *One* thousand is   mille

2. Ordinal Numbers (*Les Nombres Ordinaux*)

To form ordinal numbers from 3rd upwards add **-ième** to the cardinal numbers.

>1st   **premier**
>2nd   **second, deuxième**
>3rd   **troisième**
>4th   **quatrième** (drop the e)
>5th   **cinq*u*ième** (add u)
>9th   **neu*v*ième** (change f to v)
>21st   **vingt et unième**
>100th   **centième**
>1,000th **millième** (drop the e)

NOTE 1 Cardinals ending in e drop the e when adding -ième.

NOTE 2 Pay special attention to 5th, 9th and 21st.

NOTE 3 Ordinal numbers precede their noun and agree with it like ordinary adjectives.

>**la premi*ère* maison.**

NOTE 4 Note the order of **premier** in this sentence:

>Les *deux premiers* autobus qui passent....
>The *first two* 'buses which pass....

(*Voir les exercices* 3, *page* 153 *et A, page* 220.)

3. The Date

If you do not already do so, you should put the date in French on all your written work.

>Le **premier** jour de la semaine est **dimanche.**
>Le **deuxième** jour de la semaine est **lundi.**
>Le **troisième** jour de la semaine est **mardi.**
>Le **quatrième** jour de la semaine est **mercredi.**
>Le **cinquième** jour de la semaine est **jeudi.**
>Le **sixième** jour de la semaine est **vendredi.**
>Le **septième** jour de la semaine est **samedi.**
>
>Le **premier** mois de l'année est **janvier.**
>Le **deuxième** mois de l'année est **février.**
>Le **troisième** mois de l'année est **mars.**
>Le **quatrième** mois de l'année est **avril.**
>Le **cinquième** mois de l'année est **mai.**
>Le **sixième** mois de l'année est **juin.**
>Le **septième** mois de l'année est **juillet.**
>Le **huitième** mois de l'année est **août.**
>Le **neuvième** mois de l'année est **septembre.**
>Le **dixième** mois de l'année est **octobre.**
>Le **onzième** mois de l'année est **novembre.**
>Le **douzième** mois de l'année est **décembre.**

Exemples:

>le 1er janvier   le 14 juillet
>le 5 mars   le 21 août
>le 9 mai   le 25 décembre

If you wish to add the days of the week, you put:
>   lundi, 4 mars
>   jeudi, 24 juin

NOTE 1 *Cardinal* numbers (2, 3, 4) and not *ordinal* numbers (2nd, 3rd, 4th) are used in French dates. There is, however, *one exception* to this. For the first day of the month **le premier** is used.
>   **vendredi, 1er octobre**

NOTE 2 Capital letters should not be used for the names of the months.

> Trente jours ont novembre,
> Avril, juin et septembre,
> De vingt-huit il en est un,
> Les autres mois ont trente et un.

4. *Voici* AND *Voilà* + DIRECT OBJECT PRONOUN

Le voilà **qui arrive maintenant.**
Avez-vous de l'argent? Oui, maman, *le voici.*

To form expressions like *there it is! here we are! here I am!* etc., put the object pronoun (**me, te, le, la, les,** etc.) in front of **voici** or **voilà**.

>   (*Voir l'exercice B, page* 220.)

5. ADJECTIVES FORMED FROM VERBS

La chemise *brûlée*

Note that there are many adjectives which are formed from verbs, such as the so-called *past participles*.

>   **fatigué,** *tired*   **mouillé,** *wet*
>   **brûlé,** *burnt*   **déchiré,** *torn*

Adjectives formed from -er verbs (by far the largest class) end in -é. In the feminine they add an *-e mute* like any other adjective.

>   **fatigué*e*   brûlé*e*   mouillé*e*   déchiré*e***

6. Irregular Verbs

Voir, to see	*Savoir*, to know
je vois	je sais
tu vois	tu sais
il voit	il sait
nous voyons	nous savons
vous voyez	vous savez
ils voient	ils savent

NOTE Savoir also has the meaning of *can* in this type of sentence:

Savez-vous nager? *Can you swim? (Do you know how to . . . ?)*
Savez-vous parler français? *Can you speak French?*

Dictées

1. Il y a assez d'œufs pour tous les enfants.
There are enough eggs for all the children.
2. Nous mangeons de belles pommes au déjeuner.
We eat lovely apples at lunch.
3. Il n'y a pas d'escalier dans notre appartement.
There is no staircase in our flat.
4. Ils ne veulent pas prêter leur nouvelle voiture à leur fils.
They do not want to lend their new car to their son.
5. Ils sont trop gros pour courir très vite.
They are too fat to run very fast.
6. Ne parle pas. Travaille. Ne perds pas de temps.
Don't talk. Work. Don't waste time.

EXERCICES

1. Répondez aux questions:

   (1) Quel jour n'y a-t-il pas de classe en France?
   (2) Pourquoi Toutou saute-t-il de joie?
   (3) Est-ce qu'il peut accompagner son jeune maître?
   (4) Quel est le numéro de l'autobus que les enfants prennent?
   (5) Où est-ce qu'ils attendent l'autobus?
   (6) Quel bruit entendent-ils?
   (7) Que voient les jeunes gens quand ils tournent le coin?

QUATORZIÈME LEÇON

(8) Que crient les agents de police?
(9) Comment sont les tuyaux des pompiers?
(10) Pourquoi les enfants ne voient-ils pas « Le Monde du Silence »?

2. **Mettez la forme correcte des verbes suivants:**
    (1) Je ne (*comprendre*) pas. (2) Ils (*savoir*) la leçon. (3) Ils me (*voir*). (4) Il (*perdre*) ses tickets d'autobus. (5) Vous (*descendre*) ici. (6) Les autobus (*partir*) d'ici. (7) Ne (*sortir*) pas sans chapeau. (8) Tu (*mentir*), ce n'est pas vrai. (9) Ils ne (*comprendre*) pas. (10) (*Mettre*) ton chapeau neuf.

3. **Écrivez en toutes lettres** (*in full*):
    31 — 42 — 54 — 65 — 70 — 71 — 80 — 81 — 90 — 99 — 100 — 101 — 300 — 307 — 1,000 — 2,000 — 4th — 5th — 9th — 21st.

4. **Choisissez l'adjectif convenable** (*suitable*) **et faites-le accorder** (*agree*):
    (1) La pelouse est: haut — mauvais — vert.
    (2) Les pompiers sont: joli — petit — courageux.
    (3) Les ponts sont: étroit — vide — lourd.
    (4) La fumée est: beau — noir — propre.
    (5) Les paniers sont: dangereux — lourd — haut.
    (6) Les timbres sont: important — léger — grand.
    (7) Les avions sont: rapide — dangereux — lent.
    (8) Les professeurs sont: riche — pauvre — intelligent.
    (9) La fleur est: beau — long — noir.
    (10) La route est: long — important — étroit.

5. **Remplacez les mots en italiques par des pronoms** (*Replace the words in italics by pronouns*):
    (1) Regarde *la fumée*. (2) Ne payez pas *les places*. (3) *Françoise* regarde *le spectacle*. (4) Elle ouvre *son porte-monnaie*. (5) *Les pompes* bouchent (block) *les rues*. (6) Vois-tu *l'incendie*? (7) Nous savons *notre leçon*. (8) N'attendez pas *l'autobus*. (9) Écoute *le bruit*! (10) *Toutou* garde *la maison*.

6. (*a*) **Mettez au pluriel:**
    (1) Le magasin de l'épicier est grand. (2) L'animal aime ce

gâteau. (3) Ce jeu est intéressant. (4) Fais ton devoir. (5) J'ai un vieil ami.

(b) **Mettez au singulier:**
(1) Ils vont à leurs écoles. (2) Nos amies sont furieuses. (3) Voyez-vous ces chevaux-là? (4) Quelles bouteilles voulez-vous? (5) Ils ne peuvent pas faire ces leçons.

7. **Donnez le féminin de:**
l'oncle — le frère — le grand-père — le cousin — l'homme — le fils — le neveu — le monsieur — le maître — le garçon.

8. **Donnez l'adverbe de:**
courageux — bon — facile — paresseux — mauvais — lent — petit — triste — certain — malheureux.

9. **Donnez le français pour:**
(1) Everyone likes him. (2) I always listen. (3) There he is! (4) Let's run fast! (5) The first time. (6) Here we are. (7) On Thursdays. (8) We cannot leave. (9) Good morning, sir. (10) He often cheats.

10. **Donnez le français pour:**
(1) A lot of money. (2) No water. (3) Bread and butter. (4) Too many eggs. (5) Enough friends. (6) Some lovely apples. (7) Red ink. (8) How much jam? (9) A pound of sugar. (10) Blue eyes.

11. **Traduisez en français:**
    (1) I am in a hurry. I am going to church.
    (2) Let's get out here. The post office is not far.
    (3) I am going for a walk. I like them *very much.
    (4) There are too many robbers. We cannot guard the house.
    (5) Listen* to him, but do not copy him.
    (6) What are you going to do to-day? I am going to fish.
    (7) We have the day free. Can we go out, please?
    (8) First they go *to the grocer's, then *to the baker's.
    (9) They must wait *for the bus at the stop. *Number 81.
    (10) Look at the sky. It is red. The fire is not far.

Attention!

Jeu

Acrostiche

(1) Mon premier est le contraire de « vieux. »
(2) Mon deuxième est un animal qui est très stupide.
(3) Mon troisième est un verbe qui veut dire « attraper des poissons ».
(4) Les poules nous donnent mon quatrième.   Nous le mangeons.
(5) Mon cinquième est un adjectif, contraire de « étroit ».
(6) Vous cherchez mon sixième pour prendre votre pique-nique.
(7) Vous trouvez mon septième sous les feuilles d'un arbre.
(8) Mon huitième est le contraire de « blanc ».

Mon tout est le nom d'un grand empereur français.

Verbes Quotidiens

1. il (servir)
   nous n. (devoir)
   tu ? (sortir)
   elles n. (dire)
   je ? (pouvoir)

2. Écrivez: **dormir et voir**

3. Écrivez: **courir et savoir**

4. Écrivez: **savoir et voir**

5. elles ? (devoir)
   nous (mentir)
   il n. (savoir)
   nous n ? (partir)
   nous (finir)

6. vous ? (servir)
   tu n. (savoir)
   nous (mettre)
   je n. (courir)
   ils ? (savoir)

7. il (entendre)
   vous n. (voir)
   il n ? (aller)
   elle n. (pouvoir)
   ils (voir)

8. Écrivez: **voir et savoir**

9. elles (dire)
   ils n ? (battre)
   nous (prendre)
   elles (sentir)
   tu (mettre)

10. nous (sortir)
    je n ? (pouvoir)
    il n. (mentir)
    il (courir)
    nous ? (savoir)

LEÇON QUINZE—QUINZIÈME LEÇON

LE PROFESSEUR: Quel jour sommes-nous?
LA CLASSE: Nous sommes mardi, le cinq mars, monsieur.

VOCABULAIRE A

d'accord	agreed, O.K.	en face de	opposite
une aile	wing	jeter	to throw
appeler	to call	minuit	midnight
arrêter	to arrest	la nuit	night
s'arrêter	to stop (*intr.*)	oser	to dare
avant	before	le pantalon	trousers
cacher	to hide	rentrer	to return
le champ	field	sembler	to seem
le chef	chief, head	le sud	south
le chemin	way, road	téléphoner	to telephone
une épaule	shoulder	le vélo	bike
un escalier	staircase	le vent	wind

VOCABULAIRE B

une aventure	adventure	le message	message
la bande	gang, band	le meunier	miller
le battement	beating	le moulin à vent	windmill
chuchoter	to whisper		
chut!	sh!	observer	to watch
le coffre	boot (of car)	pédaler	to pedal
le contrebandier	smuggler	le revenant	ghost
		rouillé	rusty
exister	to exist	rusé	cunning
le gond	hinge	le sentier	path
grâce à	thanks to	soulever	to lift up
grincer	to squeak	le spectre	spectre, ghost
une haie	hedge	à travers	through
hanté	haunted	les vacances (*f. pl.*)	holidays
le hibou	owl		
mener	to lead		

QUINZIÈME LEÇON

LOCUTIONS

au clair de lune, in the moonlight.
à voix basse, in a whisper.
bien sûr! of course!
le lendemain matin, the following morning.
sans blague! go on! you're joking!
tout d'un coup, all of a sudden.

LE MOULIN HANTÉ

Pendant les vacances Roger passe une semaine chez son cousin, Marc Chatel. Les Chatel ont une jolie maison à la campagne dans le sud de la France.

Un après-midi les deux amis font une promenade à bicyclette et leur chemin les mène près d'un vieux moulin à vent.

— Tu vois ce moulin-là, Roger? dit Marc.
— Oui.
— Il est hanté.
— Hanté! Sans blague!

— Oui, vraiment. Pendant la nuit on entend des bruits et des voix. Quand il y a de la lune on voit le spectre du meunier tout blanc de farine.

Roger ne répond pas, mais il a une idée. Ce soir-là il la raconte à son cousin.

— Marc, écoute. Les revenants n'existent pas. Je suis sûr que ce moulin n'est pas hanté. Je vais aller l'observer ce soir. Il y a une belle lune. Veux-tu m'accompagner?

— Oui, bien sûr. Si tu veux. Mais nous ne pouvons pas partir avant minuit.

— D'accord.

Cette nuit-là, quand tout le monde dort, les deux cousins descendent doucement l'escalier, prennent leurs vélos et partent.

Quand ils arrivent, ils cachent leurs bicyclettes dans une haie et traversent le champ qui mène au vieux moulin. Au clair de lune il semble un bon endroit pour un revenant!

— Chut! dit Marc. Est-ce que tu entends quelque chose?

— Non, répond Roger. Entrons.

Ils poussent la vieille porte qui grince sur ses gonds rouillés. Tout d'un coup il y a un bruit terrible. « Ou-ou-ou-ou! »

Marc saisit le bras de son cousin.

— Qu-qu-qu-qu'est-ce que c'est?

Avec un battement d'ailes un vieux hibou gris quitte le moulin et vole vers les arbres du bois.

— C'est seulement un hibou, dit Roger.

Soudain les garçons entendent un autre bruit. C'est une voiture qui s'arrête en face du moulin. Un homme descend. De la tête aux pieds il est complètement blanc. Il ouvre le coffre et prend une grosse boîte qu'il soulève sur son épaule.

— Vite! dit Roger. Derrière cette porte. Nous pouvons voir à travers ce trou.

L'homme entre dans le moulin et jette la boîte par terre dans un coin.

— Jules! appelle-t-il à voix basse. Jules! Es-tu là?

À leur grande surprise les deux cousins entendent une autre voix qui répond:

— Oui. C'est toi, Pierre?

— Oui, c'est moi. J'ai les boîtes dans la voiture.

À travers leur trou les garçons voient l'autre homme. Comme son ami il porte un pantalon blanc et une veste blanche. Sa figure et ses mains sont blanches aussi.

— C'est le «Meunier», chuchote Roger à l'oreille de Marc.

Voilà ton «revenant».

Ils regardent les deux hommes qui vont vers l'auto chercher les autres boîtes.

— Vite! dit Roger. C'est le moment. Pendant qu'ils sont à la voiture.

Et les deux garçons courent à toute vitesse vers leurs vélos et pédalent comme le vent pour rentrer à la maison.

Le lendemain matin ils racontent leur aventure à M. Chatel qui téléphone tout de suite à la police. Deux jours plus tard un homme sonne à la porte.

Bonjour, monsieur, dit-il à M. Chatel. Inspecteur Lebonnard. Grâce à votre message nous‿avons arrêté le « Meunier » et sa bande de contrebandiers. Ces‿hommes sont très rusés. Ils disent à tout le monde que le moulin est hanté. Quand les gens du village les‿entendent ou les voient pendant la nuit ils pensent que ce sont des revenants et n'osent pas regarder. Vos jeunes détectives ont fait un très bon travail cette nuit-là.

PHRASES À RÉPÉTER

Les‿amis font‿une promenade à bicyclette.
Nous ne pouvons pas partir avant minuit.
Ils cachent leurs bicyclettes dans‿une haie.
Ils poussent la vieille porte qui grince.
Est-ce que tu entends quelque chose?
Ils pensent que ce sont des revenants.

GRAMMAIRE

1. Irregular Verbs in -ER

The only really irregular verb of the first conjugation is **aller**, but certain other verbs are slightly irregular. These are verbs which have an **e** and *one consonant* before the infinitive ending, *e.g.*,

> **je**ter, *to throw*   **me**ner, *to lead*
> **appe**ler, *to call*   **le**ver, *to raise*

With these verbs it is necessary to *strengthen the vowel* before the mute e ending of the present tense, *i.e.*, in the *singular* and in the *third person plural*.

Jeter, to throw, and **appeler**, to call, do this by *doubling the consonant*:

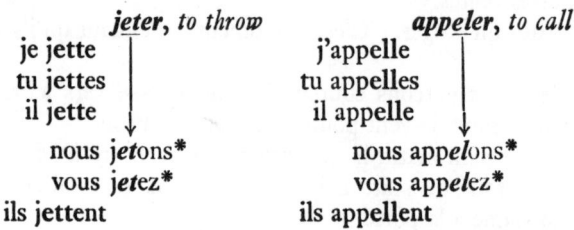

jeter, *to throw*	**appe**ler, *to call*
je jette	j'appelle
tu jettes	tu appelles
il jette	il appelle
nous jetons*	nous appelons*
vous jetez*	vous appelez*
ils jettent	ils appellent

QUINZIÈME LEÇON

Mener, to lead, and **lever**, to raise, take an *accent grave*:

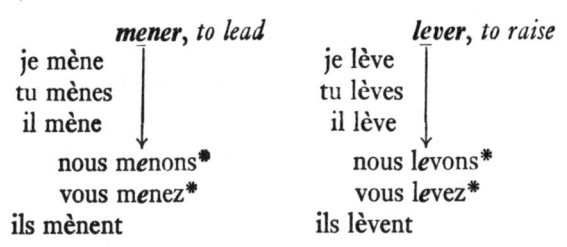

mener, to lead	*lever*, to raise
je mène	je lève
tu mènes	tu lèves
il mène	il lève
nous menons*	nous levons*
vous menez*	vous levez*
ils mènent	ils lèvent

*NOTE Because the weight falls on the last syllable -ons, -ez, the e does not need to be strengthened. Thus, there is *no change* in the 1st and 2nd persons plural with this type of verb, the e remaining *the same as that of the infinitive*.

Acheter: Note that this common verb is conjugated like **mener** and **lever** and not like **jeter**.

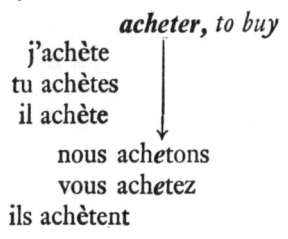

acheter, to buy

j'achète
tu achètes
il achète
nous achetons
vous achetez
ils achètent

Verbs like *espérer*

Some verbs, such as **espérer** and **sécher**, have an é in the syllable before the infinitive ending. This é is changed to è in the singular and in the third person plural.

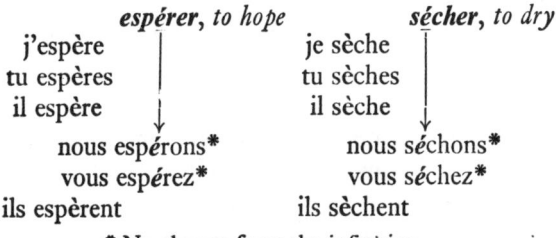

espérer, to hope	*sécher*, to dry
j'espère	je sèche
tu espères	tu sèches
il espère	il sèche
nous espérons*	nous séchons*
vous espérez*	vous séchez*
ils espèrent	ils sèchent

* No change from the infinitive.

2. Accents

In combinations such as:

-èce	-èle	-ère	-ève
-ède	-ème	-èse	-èze
-ège	-ène	-ète	

where **e** is followed by ONE CONSONANT and an E MUTE, an *accent grave* (`) must be placed on the first **e**.

NOTE An *accent grave* can NEVER be followed in the next syllable by another accent, so where there are two accents following one another, the first must be an **accent aigu** (´).

Only Possible Combinations
é — é
é — è

(*Voir l'exercice A, page* 221.)

3. The Relative Pronoun

Ils traversent le champ *qui* mène au moulin.
Le moulin, *que* vous voyez, est très vieux.
Il prend une grosse boîte *qu*'il soulève sur son épaule.

SUBJECT: **qui** who, which, that
OBJECT: **que** whom, which, that

Look at the verb in the relative clause. If it has a subject already, then the relative pronoun will be the object (**que**). If not, it will be the subject (**qui**).

NOTE Remember to *elide* (cut off) the **e** of **que** before a vowel (la boîte *qu*'il soulève). *Never* elide the **i** of **qu***i*.

(*Voir les exercices* 4, *page* 164 *et B, page* 221.)

4. *ON*

The French frequently use the pronoun **on** to replace the plural subject pronouns, **nous, vous, ils, elles,** when it is not known exactly who is meant by *we, you, they*.

On **frappe à la porte.**

Who knocks at the door? *Someone* does, but it is not known *who*, so the French use **on**.

NOTE **On** is 3RD PERSON SINGULAR. *The verb is never put in the plural, even where more than one person is meant.*

5. *Regarder, Chercher*, ETC.

Remember that the following verbs take a *direct object* in French. *The English preposition is not translated.*

	ask FOR	demander
	wait FOR	attendre
	pay FOR	payer
3 L's {	Look FOR	chercher
	Look AT	regarder
	Listen TO	écouter

4 FOR'S for the first four; 3 L's for the last three.

(*Voir les exercices* 10, *page* 166 *et* C, *page* 221.)

Dictées

1. Quand ils rencontrent leurs amis ils racontent l'histoire.
   When they meet their friends they tell the story.
2. Le fermier a quatre-vingts moutons et quatre-vingt-un cochons.
   The farmer has eighty sheep and eighty-one pigs.
3. Avez-vous de l'argent? Oui, papa, le voici.
   Have you any money? Yes, Dad, here it is.
4. Le vingt-cinq décembre est le Jour de Noël.
   The twenty-fifth of December is Christmas Day.
5. Le premier janvier est le Jour de l'An.
   The first of January is New Year's Day.
6. Mai est le cinquième mois et août est le huitième.
   May is the fifth month and August is the eighth.

EXERCICES

1. Répondez aux questions:
   (1) Où habitent les Chatel?

(2) Où est-ce que leur promenade à bicyclette mène les deux garçons?
(3) Où cachent-ils leurs bicyclettes quand ils arrivent au moulin pendant la nuit?
(4) Que fait la porte du moulin quand les cousins l'ouvrent?
(5) Quel oiseau (*bird*) vole vers les arbres du bois?
(6) Où est-ce que l'homme jette la grosse boîte?
(7) De quelle couleur est le pantalon du meunier et de quelle couleur est sa veste?
(8) Que fait M. Chatel quand il entend l'histoire des garçons?
(9) Est-ce que la police arrête les contrebandiers?
(10) Est-ce que les revenants existent?

2. **Recopiez les mots suivants en mettant** (*putting in*) **les accents nécessaires:**

(1) levons
(2) premiere
(3) modele
(4) soulevons
(5) appelez
(6) jette
(7) mere
(8) college
(9) septieme
(10) espere
(11) sechons
(12) achetent
(13) menons
(14) dernier
(15) appellent
(16) soulevent
(17) derniere
(18) esperons
(19) frere
(20) terre

3. Après la correction de l'exercice précédent, mettez la forme correcte du verbe:
(1) Il (*lever*) la main. (2) Ils (*appeler*) leur chien. (3) Ne (*jeter*) pas de papier. (4) (*Lever*) ton bras. (5) Nous (*sécher*) bien nos chaussettes. (6) Nous (*appeler*) notre chat. (7) Elle (*soulever*) la boîte. (8) Ils (*espérer*) aller au cinéma. (9) Ils (*amener*) le vélo. (10) (*Jeter*)-tu des pierres (*stones*)?

4. **Mettez *qui*, *que* ou *qu'*:**
(1) Voici la route ──── les garçons prennent.
(2) Roger prend le panier ──── il attache au vélo.
(3) Il prend la rue ──── mène à la ferme.
(4) Il grimpe sur le mur ──── est haut.
(5) Le pont, ──── porte l'écriteau, est sûr.
(6) La montre, ──── vous avez, marche mal.

(7) Les flammes, ———— sont chaudes, brûlent le papier.
(8) Voilà la bouteille ———— elle veut.
(9) La vache est un animal ———— nous aimons et ————
donne du lait.

5. **Répondez *Oui* aux questions suivantes en employant (*using*) des pronoms à la place des noms:**
    (1) Est-ce que je vous regarde? (*Oui, vous* . . .)
    (2) Est-ce que le meunier soulève la boîte?
    (3) Me regardes-tu? (*Oui, je* . . .)
    (4) Me voit-il? (*Oui, il* . . .)
    (5) Est-ce qu'ils voient le hibou?
    (6) Est-ce que la police arrête les contrebandiers? (*Oui, elle* . . .)
    (7) Est-ce que vous nous voyez? (*Oui, je* . . .)
    (8) M'attends-tu? (*Oui, je* . . .)
    (9) M'écoute-t-il? (*Oui, il* . . .)
    (10) Aimez-vous les vacances?

6. (*a*) **Mettez au pluriel:**
    (1) Il punit son fils. (2) Il va à la fenêtre. (3) Tu fais ton beau gâteau. (4) L'animal veut sortir. (5) J'ai un bel avion.
    (*b*) **Mettez au singulier:**
    (1) Ne cassez pas ces œufs. (2) Les bras sont longs. (3) Ils doivent les manger. (4) Les lièvres arrivent les derniers. (5) Nous coupons de vieux arbres.

7. **Donnez le contraire de:**
    (1) la ville   (5) sur   (8) prendre
    (2) près   (6) beaucoup   (9) le matin
    (3) bien   (7) trouver   (10) ouvrir
    (4) dernier

8. **Mettez *du, de la, de l', des* ou *de*:**
    (1) Donnez-moi ———— eau.
    (2) Je n'ai pas ———— eau.
    (3) Nous avons ———— bons amis.
    (4) Il y a ———— sel.
    (5) Nous mangeons trop ———— pain.

(6) Ils ne choisissent pas ——— viande.
(7) Ils prennent ——— œufs.
(8) Avez-vous ——— huile?
(9) Je n'ai pas ——— tickets.
(10) Ils trouvent ——— beaux endroits.

9. **Traduisez en français:**
   (1) Let us buy bread. (2) A pound of cheese. (3) Milk and eggs. (4) No money. (5) A lot of ink. (6) Old churches. (7) New schools. (8) Too much noise. (9) Enough flour. (10) Apples and bananas.

10. **Traduisez en français:**
    (1) Look at the dog!   (4) Don't listen to him!
    (2) Look for the ball!   (5) We pay for the seats.
    (3) Let's wait for the bus.   (6) We ask for a ticket.

11. **Traduisez en français:**
    (1) The windmill which you are looking at is very old.
    (2) The conductor takes the money and gives the tickets.
    (3) Do not push me! Wait for the bus. It will arrive.
    (4) What *a terrible fire. I hope that everybody is safe.
    (5) Every time that we meet our uncle he tells the same story.
    (6) Where do you live? I live near Versailles.
    (7) He *always lifts his hat. He is very polite.
    (8) What *a terrible accident! Call a policeman.
    (9) When she is at school she is good. At home she is naughty.
    (10) Let us return to the post office. I must buy some stamps.
    * *Attention!*

Jeu

Acrostiche
(1) Mon premier est un mot que vous devez dire quand on vous donne un cadeau.
(2) Mon deuxième est un homme qui attrape les voleurs.
(3) Mon troisième est une punition. On reste à l'école quand les autres partent.

(4) On mange souvent mon quatrième quand on fait un pique-nique.
(5) Mon cinquième est un verbe. J'espère que vous le faites quand le professeur parle.
(6) Mon sixième est une maison qui brûle.
(7) Mon septième est loin de la terre. Elle n'est pas habitée.
(8) Mon huitième est le contraire de « près ».
(9) Quand vous voulez acheter du vin, des sardines, du sel, etc., vous allez chez mon neuvième.

Mon tout est une grande ville dans le sud de la France.

Verbes Quotidiens

1. ils (mentir)
   nous n. (voir)
   tu ? (savoir)
   elle n. (sortir)
   ils (savoir)

2. Écrivez : voir et jeter

3. Écrivez : savoir et appeler

4. Écrivez :
   mener et jeter

5. Écrivez à l'interrogatif :
   appeler et acheter

6. vous ? (voir)
   tu n. ? (jeter)
   nous (savoir)
   il ? (appeler)
   ils (dormir)

7. il (acheter)
   vous n. (jeter)
   tu ? (soulever)
   nous n. (mener)
   ils (mener)

8. Écrivez : lever et espérer

9. tu (acheter)
   vous ? (faire)
   vous ? (comprendre)
   on (mener)
   vous ? (espérer)

10. nous (espérer)
    vous ? (faire)
    vous (comprendre)
    vous n. (dire)
    elles ? (battre)

LEÇON SEIZE—SEIZIÈME LEÇON

UN ÉLÈVE: Puis-je écrire au crayon, monsieur? La plume de mon stylo est tordue.

UN AUTRE ÉLÈVE: Puis-je demander à quelqu'un de me prêter un canif, monsieur?

LE PROFESSEUR: Oui, mais dépêchez-vous.

VOCABULAIRE A

acheter	to buy	se laver	to wash
avoir l'air	to look like	se lever	to get up
se battre	to fight	se mettre à table	to sit down to table
le chameau	camel		
se coucher	to go to bed	se moquer de	to make fun of
danser	to dance	se promener	to go for a walk
se dépêcher	to hurry	se rappeler	to remember
se déshabiller	to undress	le regard	look
se disputer	to argue	la réponse	answer
drôle	funny	en retard	late
s'endormir	to go to sleep	se réveiller	to wake up
ensuite	next	rêver	to dream
s'excuser	to apologise	se sauver	to run away
s'habiller	to dress	sourire	to smile
le lac	lake	se trouver	to be (situated)
lancer	to throw		

VOCABULAIRE B

bâiller	to yawn	se précipiter	to rush
se diriger	to make one's way	rassis	stale
		rayé	striped
garder	to keep	le rocher	rock
la girafe	giraffe	secouer	to shake
indigné	indignant	le singe	monkey
le lion	lion	le tigre	tiger
un ours	bear		
le petit déjeuner	breakfast		

SEIZIÈME LEÇON

LOCUTIONS

au bout de, after.
bonsoir, goodnight.
juste à temps, just in time.

AU BOIS DE VINCENNES

C'est le dernier jour des vacances. Roger se réveille et regarde sa montre. Sept heures et demie déjà! Il se lève vite et va dans la chambre de sa sœur. Il la secoue.

— Françoise! Réveille-toi!

Françoise se réveille. Elle bâille.

— Qu'est-ce qu'il y a? Quelle heure est-il?

— Il est sept heures et demie. Dépêche-toi! Nous_allons être en retard. Papa va partir à huit heures et demie.

Les_enfants se lavent et s'habillent très vite, car ils vont voir les_animaux au Bois de Vincennes et ils ne veulent pas_être en retard pour le départ.

Ils descendent l'escalier quatre à quatre et se précipitent dans la salle à manger où leurs parents les_attendent.

—Bonjour, maman! Bonjour, papa! Ils embrassent leurs parents.

—Dépêchez-vous, mes enfants. Vous êtes en retard.

Roger et Françoise se mettent à table et prennent leur petit déjeuner. À huit heures et demie tout le monde est prêt à partir pour Vincennes.

FRANÇOISE: Est-ce que nous avons assez de pain rassis pour les animaux?

MME DUROC: Oui, le voici dans ce vieux journal.
(*Ils montent dans leur voiture. Bientôt ils arrivent au zoo qui se trouve dans le Parc de Vincennes.*)

M. DUROC: Nous voici au zoo. Entrons. Je vais acheter les billets.

ROGER: Allons d'abord voir les éléphants. (*Ils se dirigent vers les éléphants.*)

FRANÇOISE: Regardez-les! Ils mangent toute la journée. Ils sont un peu comme toi, Roger.

MME DUROC: Françoise! Ne te dispute pas avec ton frère!

M. DUROC: Ne donnez pas tout le pain aux éléphants.

MME DUROC: Non. Gardez un peu de pain pour les canards sur le lac.

ROGER: Pouvons-nous voir les singes maintenant, papa?

M. DUROC: Oui, ils sont sur les rochers là-bas.

Toute la famille se dirige vers les singes. Ils arrivent juste à temps pour voir un monsieur qui lance un vieux chapeau noir sur le rocher où ils habitent. Tous les singes se précipitent sur le chapeau et se battent pour l'avoir. Puis, un gros singe brun se précipite sur les autres qui se sauvent à toute vitesse avec des cris perçants. Il saisit le chapeau et le met sur sa tête. Tout le monde rit, car c'est très drôle.

ROGER: Regarde le gros singe brun, maman. Il porte un chapeau noir.

SEIZIÈME LEÇON

FRANÇOISE: Il a l'air d'un vieux monsieur qui va à son bureau.
ROGER: Un peu comme toi, papa!
MME DUROC (*très_indignée*): Roger! Tu es_impoli! Tu vas t'excuser tout de suite.
ROGER: Pardon, papa. Je m'excuse.
M. DUROC (*sourit*): Merci, Roger. Ce n'est pas grave. Maintenant allons regarder les lions et les tigres.

Après les lions et les tigres, ils regardent les_autres_animaux. Ils voient les_ours qui se lèvent sur leurs pattes de derrière et dansent un peu, les girafes avec leur long cou et les chameaux.

À une heure moins le quart ils prennent leur repas sur l'herbe dans le parc. Après le déjeuner les_enfants jouent pendant que leurs parents se reposent à l'ombre d'un vieil arbre.

Ensuite, vers quatre heures, ils se promènent au bord du lac, où ils donnent le reste de leur pain aux canards. Vers sept heures du soir ils rentrent à la maison très fatigués.

À huit heures et demie, après leur souper, Roger et Françoise disent « bonsoir » à leurs parents et montent se coucher. Ils se déshabillent, se lavent, se couchent et, au bout de quelques minutes, ils s'endorment.

Françoise ne rêve pas, mais Roger rêve qu'il est_en classe. Son voisin est_un gros singe brun qui porte des lunettes, un chapeau noir et une belle cravate rayée. Il se rappelle toutes les réponses aux questions du professeur. Roger a peut-être trop mangé au souper!

PHRASES À RÉPÉTER

C'est le dernier jour des vacances.
Ils ne veulent pas_être en retard.
Je vais_acheter les billets.
Gardez_un peu de pain pour les canards.
Ils se promènent au bord du lac.
Ils disent « bonsoir » à leurs parents.

GRAMMAIRE

1. Reflexive Verbs

Ils ne *se* lavent pas très bien.
They do not wash (themselves) very well.

When the object pronoun of a verb refers to the same person as the subject, it is called a REFLEXIVE PRONOUN (because the action of the verb is reflected back from the object to the subject) and verbs which have this kind of object are called REFLEXIVE VERBS.

Verbs with reflexive pronouns are far more frequent in French than in English, because in our own language it does not always matter if we leave the reflexive pronoun out. We can say:

We wash *ourselves* every morning

OR

We wash every morning

IN FRENCH THE REFLEXIVE PRONOUN CAN NEVER BE LEFT OUT.

se lever, to get up

je **me** lève	nous **nous** levons
tu **te** lèves	vous **vous** levez
il **se** lève	ils **se** lèvent

NOTE Watch out for verbs which are reflexive in French, but which are not reflexive in English. These can only be known by learning them as they are met. Here are some from this lesson:

se lever	to get up	se dépêcher	to hurry
se sauver	to run away	s'arrêter	to stop
se battre	to fight	se précipiter	to rush
se rappeler	to remember	s'endormir	to go to sleep
se reposer	to rest	se disputer	to quarrel

If you treat the reflexive pronoun *in the same way as you treat the ordinary object pronoun* you should have no difficulty with it. Try to keep clear in your mind which pronoun is the *subject* and which is the *object*. (The reflexive object is in heavy type.)

STATEMENT	(*affirmative*)	Vous	**vous**	lavez
	(*negative*)	Vous ne	**vous**	lavez pas
QUESTION	(*affirmative*)		**Vous**	lavez-vous?
	(*negative*)	Ne	**vous**	lavez-vous pas?
COMMAND	(*negative*)	*Ne	**vous**	lavez pas!

but

COMMAND (*affirmative*) •lavez-**vous!**

* Can you say why there is no subject pronoun here?

THE IMPERATIVE (COMMAND)

The imperative of a reflexive verb *follows the same pattern as an ordinary verb with a non-reflexive object*. Remember that the subject pronoun is *not* expressed in the imperative. The pronoun in heavy type is the reflexive object.

Affirmative:	Lève-**toi**!*	*Get up!*
	Levons-**nous**!	*Let us get up!*
	Levez-**vous**!	*Get up!*
Negative:	Ne **te** lève pas!	*Don't get up!*
	Ne **nous** levons pas!	*Let us not get up!*
	Ne **vous** levez pas!	*Don't get up!*

* te changes to toi in the affirmative *only*.

(*Voir les exercices* 2, 3, 4, *pages* 176–177 *et* A, B (i), (ii), C, *pages* 222–223.)

2. Time (l'heure)

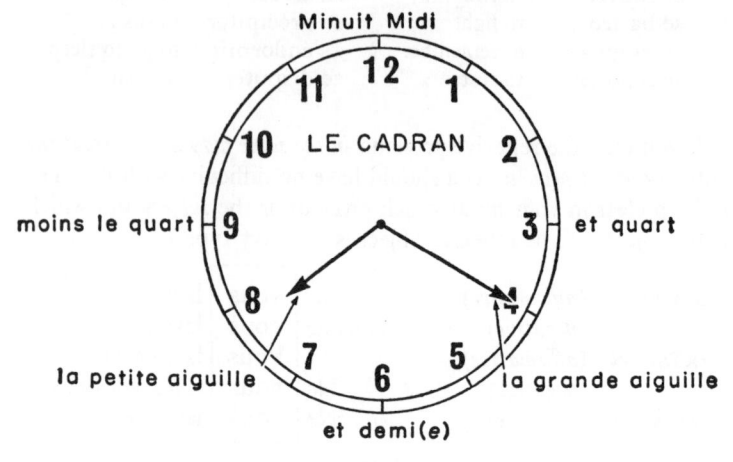

Minuit Midi

LE CADRAN

moins le quart — 9   3 — et quart

la petite aiguille   la grande aiguille

et demi(e)

Quelle heure est-il à la pendule?

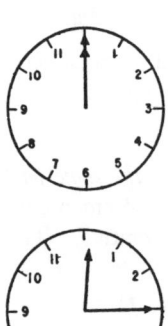

Il est midi
(Il est_une heure,
Il est deux heures,
Il est trois heures,
       etc.)
Il est minuit.

Il est midi et quart
(Il est_une heure et quart,
Il est deux heures et quart,
Il est trois heures et quart,
       etc.)
Il est minuit et quart.

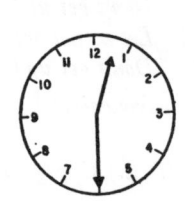

Il est midi et demi
(Il est_une heure et demie,
Il est deux heures et demie,
Il est trois heures et demie,
       etc).
Il est minuit et demi.

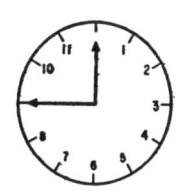

SEIZIÈME LEÇON

Il est midi moins* le quart
(Il est une heure moins le quart,
Il est deux heures moins le quart,
Il est trois heures moins le quart,
etc.)
Il est minuit moins le quart.

*NOTE Once the half-hour is passed, time *to the hour* is deducted (**moins**, *minus* or *less*) from the *next hour*.

MINUTES PAST THE HOUR

Il est une heure cinq,
Il est une heure dix,
Il est une heure vingt,
etc.

MINUTES TO THE HOUR

Il est une heure moins vingt-cinq,
Il est une heure moins vingt,
Il est une heure moins dix,
etc.

NOTE 1 Et (*and*) is only used for *quarter past* and *half past*. **It is not used for the minutes.**

NOTE 2 The word *minutes* is not expressed in French. In English we put in *minutes* and leave out *hours* (six *minutes* past four). The French do the opposite: they put in **heures** and leave out minutes (quatre **heures** six).

(*Voir les exercices* 5, 6, *pages* 177-178 *et* D, *page* 223.)

3. IRREGULAR VERB

rire, to laugh

je ris	nous rions
tu ris	vous riez
il rit	ils rient

Conjugated like **rire**: **sourire**, *to smile*.

Dictées

1. Il soulève la boîte et la jette dans un coin.
   He lifts up the box and throws it into a corner.
2. Il y a trois cent soixante-cinq jours dans une année.
   There are 365 days in a year.
3. J'espère que l'herbe n'est pas mouillée.
   I hope that the grass is not wet.
4. Avec des feuilles et du bois ils font du feu.
   With (some) leaves and (some) wood they make a fire.
5. Faisons une promenade et mangeons dans la forêt.
   Let us go for a walk and eat in the forest.
6. Au secours! Les pompiers vont-ils arriver à temps?
   Help! Will the firemen arrive in time?

EXERCICES

1. **Répondez aux questions:**
   (1) À quelle heure est-ce que Roger se réveille?
   (2) Où la famille Duroc passe-t-elle la matinée?
   (3) Qu'est-ce qu'on achète pour entrer au zoo?
   (4) Que donnent les enfants aux éléphants?
   (5) Quels animaux sont très drôles?
   (6) Nommez (*name*) six animaux qu'on voit au zoo.
   (7) Que font les parents pendant que les enfants jouent?
   (8) Que font les enfants vers quatre heures?
   (9) Est-ce que Françoise fait un rêve?
   (10) Quel est le rêve de Roger?

2. **Mettez la forme correcte du verbe:**
   (1) Les grands-parents (*se promener*) près du lac. (2) Tu (*se dépêcher*) pour arriver à l'heure. (3) Nous (*se diriger*) vers les singes. (4) Il (*se rappeler*) la réponse. (5) Les voleurs (*se sauver*) en vitesse. (6) Ils (*se réveiller*) à huit heures. (7) Tu (*se battre*) avec ta sœur. (8) Les singes (*se moquer*) de tout le monde. (9) Vous (*s'excuser*) de votre erreur. (10) Je (*s'endormir*) vite.

3. Après la correction de l'exercice 2, mettez tous les verbes à l'interrogatif.

4. Mettez à l'impératif:
   (*Exemples:* Tu dois te lever = **Lève-toi!**
   Nous devons nous dépêcher = **Dépêchons-nous**
   Vous ne devez pas vous battre = **Ne vous battez pas!**)
   (1) Nous devons nous diriger vers les ours.
   (2) Vous devez vous lever de bonne heure.
   (3) Tu ne dois pas te promener au bord du lac.
   (4) Tu dois te laver en vitesse.
   (5) Vous devez vous rappeler son nom.
   (6) Nous devons nous coucher tôt.
   (7) Tu dois te dépêcher.
   (8) Vous ne devez pas vous reposer.
   (9) Tu ne dois pas te déshabiller.
   (10) Nous devons nous excuser.
   (11) Tu dois te promener dans le bois.
   (12) Nous ne devons pas nous endormir.
   (13) Tu ne dois pas te disputer.
   (14) Vous devez vous sauver.
   (15) Tu dois t'excuser.

5. Quelle heure est-il? Écrivez votre réponse en toutes lettres (*in full*).

De la nuit

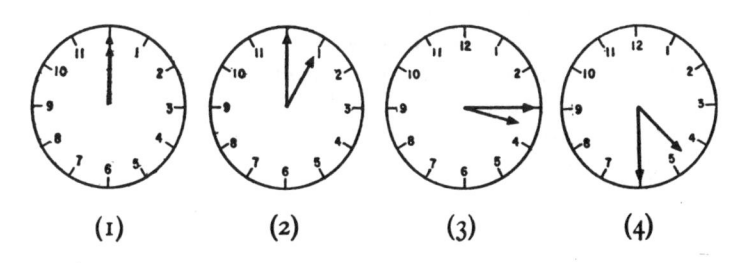

(1)   (2)   (3)   (4)

Du matin

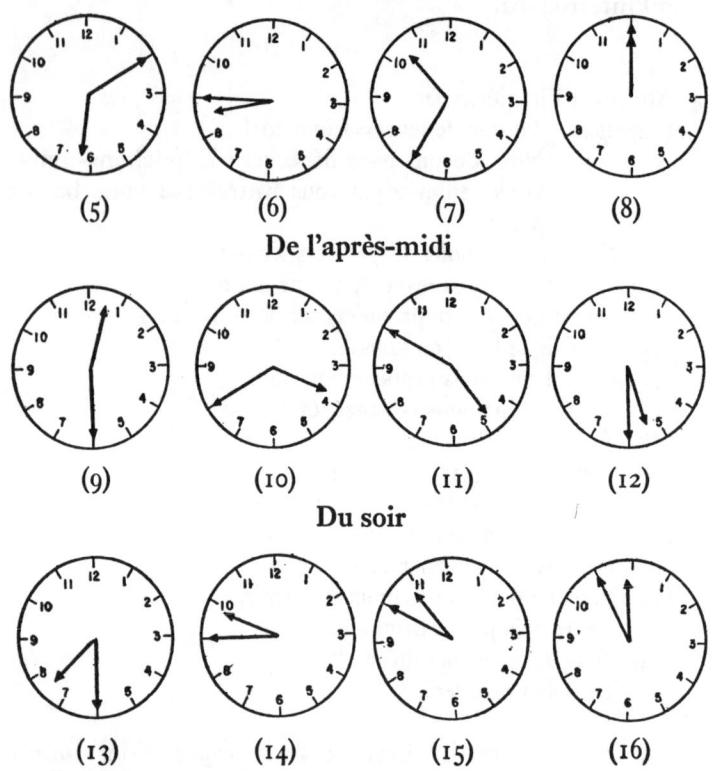

(5) (6) (7) (8)

De l'après-midi

(9) (10) (11) (12)

Du soir

(13) (14) (15) (16)

6. À quelle heure:
   (1) vous levez-vous le matin?
   (2) prenez-vous votre petit déjeuner?
   (3) arrivez-vous à l'école?
   (4) les classes commencent-elles?
   (5) avez-vous votre récréation (*break*)?
   (6) déjeunez-vous?
   (7) les classes reprennent-elles? (*start again*)
   (8) quittez-vous l'école?
   (9) faites-vous vos devoirs?
   (10) vous couchez-vous?

SEIZIÈME LEÇON

7. Mettez *du, de la, de l', des, de* ou *au, à la, à l', aux, à*:

Aujourd'hui Roger et Françoise vont ——— zoo avec leur oncle Maurice. Ils prennent ——— pain rassis pour donner ——— animaux. « Ne donne pas tout le pain ——— éléphants, » dit M. Legros ——— son neveu. « Tu dois garder ——— morceaux ——— pain pour les canards. Regarde! Tu as ——— gros morceaux. Donne-les ——— éléphant et puis tu peux jeter les petits morceaux ——— oiseaux. »

À une heure ils font un bon pique-nique avec ——— sandwichs, ——— biscuits, ——— belles pommes, ——— bananes et ——— limonade.

8. Mettez au pluriel:
(1) Cette fleur est bleue. (2) Voilà un vieil arbre. (3) Un bel œil. (4) Cet animal est vieux. (5) Une nouvelle auto.

9. Répondez: Je dis ...
Que dites-vous quand:
(1) votre oncle vous donne un cadeau?
(2) vous marchez sur le pied de quelqu'un?
(3) votre ami(e) a son anniversaire?
(4) vous rencontrez votre ami(e) dans la rue?
(5) vous voulez savoir l'heure?
(6) vous voulez savoir l'âge de quelqu'un?
(7) vous voulez savoir la date?
(8) vous demandez à votre ami où il va?
(9) un Français vous parle trop vite?
(10) vous voulez savoir le nom de quelqu'un?

10. Donnez le contraire de:
(1) se réveiller
(2) se lever
(3) d'abord
(4) tard
(5) monter
(6) difficile
(7) propre
(8) se déshabiller
(9) sage
(10) remplir

LA LANGUE DES FRANÇAIS

11. **Répondez à l'affirmative:**
    (1) Est-ce que vous me voyez? (*Oui, je ——— v ...*)
    (2) Est-ce qu'ils me voient? (*Oui, ils ——— v ...*)
    (3) Est-ce que je vous vois? (*Oui, vous ——— v ...*)
    (4) Est-ce que je te vois? (*Oui, tu ——— v ...*)
    (5) Est-ce que tu me vois? (*Oui, je ——— v ...*)

12. **Donnez le français pour:**
    (1) Many trees. (2) Lumps of sugar. (3) Enough men. (4) Old women. (5) Too many soldiers. (6) So many flowers. (7) Cold milk. (8) We have no hot water. (9) How much sugar? (10) Not enough change.

13. **Traduisez en français:**
    (1) Look! The old monkey is wearing Dad's hat!
    (2) If we go to the zoo we can see all the animals.
    (3) They get off *the bus and go into the post office.
    (4) I am sad. It is the last day of the holidays.
    (5) *What time do you have (*take*) your tea? At half past four.
    (6) May we watch the bears? No, we are going to see the lions and the tigers.
    (7) I say! I've a good idea! Let's go for a walk.
    (8) The children hurry. They don't want to be late.
    (9) Do the ducks like the stale bread? Yes. Look at them!
    (10) You are not listening. *I am! I know all the answers.

* *Attention!*

JEU

Voici un message chiffré (*in code*). Pouvez-vous le déchiffrer (*decipher*)? (A=Z, B=Y, etc.)

```
OVH ELOVFIH ELMG VGIV WZMH OV NZTZHRM
Z NRMFRG RMULINVA OZ KLORXV
```

SEIZIÈME LEÇON

Verbes Quotidiens

1. ils (vouloir)
   vous n. (savoir)
   tu? (devoir)
   elles n. (pouvoir)
   ils (espérer)

2. Écrivez: **rire** et **jeter**

3. Écrivez: **s'appeler** et **rire**

4. Écrivez: **se lever** et **se battre**

5. elles? (sécher)
   je (mener)
   il (se lever)
   ils (se dépêcher)
   nous (se diriger)

6. vous? (dire)
   ils n. (comprendre)
   nous (acheter)
   je n? (pouvoir)
   on? (acheter)

7. il (se rappeler)
   vous n. (espérer)
   ils (dire)
   elle n. (se lever)
   ils (rire)

8. Écrivez à l'interrogatif: **se promener** et **rire**

9. tu (rire)
   ils n. (acheter)
   nous (rire)
   on? (se promener)
   nous n. (dire)

10. elles? (rire)
    je (acheter)
    il n? (sécher)
    elles (servir)
    vous? (rire)

LEÇON DIX-SEPT—DIX-SEPTIÈME LEÇON

LE PROFESSEUR: Quelle heure est-il à la pendule?
LA CLASSE: Il est . . . (*l'heure à la pendule de la salle de classe*).
LE PROFESSEUR: À quelle heure finit cette classe?
LA CLASSE: Elle finit à . . .

VOCABULAIRE A

une **année**	year	la **nuit**	night
avant de	before	**obligé**	obliged
le **brouillard**	fog	**à pied**	on foot
la **carte postale**	postcard	la **pluie**	rain
curieux	curious	le **plus**	the most
défendre	to defend	**pousser**	to grow (*intr.*)
distribuer	to deliver	**préférer**	to prefer
le **facteur**	postman	**quand même**	all the same
gai	cheerful	**recevoir**	to receive
la **glace**	ice	**se servir de**	to use
ne . . . jamais	never	un **sourire**	smile
intéressant	interesting	**surtout**	especially
mal élevé	badly brought up, rude	**tenez!**	here!
		le **toit**	roof
le **mari**	husband	**en train de**	in the act of
le **mieux**	the best	**venir**	to come
la **neige**	snow	la **vie**	life
ne . . . ni . . . ni	neither . . . nor	le **village**	village

VOCABULAIRE B

aîné	elder, eldest	**durer**	to last
bavarder	to gossip	**fixer**	to fix, arrange
le **bonhomme de neige**	snowman	un **étang**	pond
		gelé	frozen
briller	to shine	**en nage**	streaming with perspiration
le **courrier**	post (letters)		
le **défaut**	fault, defect	**se passer**	to happen

patiner	to skate	**souffler**	to blow
la plaisanterie	joke	**de temps en temps**	from time to time
la route	road		
la saison	season		

LOCUTIONS

par tous les temps, in all weathers.
prendre les choses du bon côté, to look on the bright side of things.
tous les jours, every day.

LE FACTEUR

Émile Lafarge est facteur. Il ne travaille pas dans une grande ville mais à la campagne. Son travail est très dur, car il est obligé de sortir tous les jours et par tous les temps. Il n'a pas de voiture, mais il distribue ses colis et ses lettres à bicyclette.

Tout le monde l'aime, car il est toujours gai et il a toujours un sourire ou une petite plaisanterie pour les gens qui reçoivent une lettre.

— Maman! Maman! Voilà le facteur! crient les enfants quand Émile arrive avec sa boîte.

— Bonjour, madame. Voici une carte pour vous de votre nièce Brigitte. Elle ne peut pas venir vous voir parce que son mari est malade. Elle vous demande de lui envoyer une lettre pour fixer une autre date.

Comment sait-il que le mari de Brigitte est malade? Oh, Émile sait tout ce qui se passe dans le village, car je regrette de vous dire qu'il a un défaut; il est très curieux et quelquefois il lit les cartes postales avant de les distribuer!

En‿hiver les jours sont courts et les nuits sont longues. Il fait jour très tard et il fait nuit très tôt. Il neige souvent et il fait très froid. Quand les‿arbres, les champs, les routes et les toits des maisons sont blancs de neige, le pauvre Émile ne peut pas se servir de sa bicyclette et il est‿obligé de distribuer ses lettres à pied. Mais‿il n'est jamais triste. Il est toujours heureux. Il aime regarder les‿enfants qui patinent sur la glace de l'étang gelé ou qui sont‿en train de faire un bonhomme de neige. Quelquefois il est forcé de se défendre contre des garçons mal élevés qui lui lancent des boules de neige!

Mais c'est le brouillard surtout qu'il déteste le plus. Quand‿il fait du brouillard, son travail est vraiment dur. Il perd son chemin et il ne peut pas voir les numéros et les noms des maisons.

Le printemps est la saison qu'Émile aime le mieux, parce qu'il ne fait ni trop chaud ni trop froid. Les fleurs et les feuilles commencent‿à pousser et s'il pleut à verse de temps‿en temps, la pluie ne dure pas longtemps.

En‿été les jours sont longs et les nuits sont courtes. Il fait jour très tôt et il fait nuit très tard. Quand le soleil brille, il fait très chaud et Émile est souvent‿en nage. Alors il enlève sa veste. Quand même, il préfère l'été à l'hiver. Quand‿il fait chaud les gens ne se dépêchent pas de refermer la porte et ils‿aiment bavarder pendant quelques‿instants.

En‿automne le vent souffle fort et les feuilles tombent des‿

arbres. En‿hiver la terre est gelée et le ciel est couvert et gris. On ne peut pas passer des‿heures à bavarder par ce temps-là, car il fait trop froid.

Oui, la vie d'un facteur est dure, mais pour un homme comme Émile, qui prend toujours les choses du bon côté, c'est‿un travail très‿intéressant.

PHRASES À RÉPÉTER

En‿hiver les jours sont courts.
Il fait‿un temps splendide.
En‿automne le vent souffle fort.
Quand le soleil brille, il fait chaud.
Il ne fait ni trop chaud ni trop froid.
Elle vous demande de lui envoyer une lettre.

GRAMMAIRE

1. Conjunctive (Weak) Pronouns (Indirect Object)

   Elle vous demande de *lui* envoyer une lettre.
   She asks you to send her a letter.

If you look carefully at the above example you will see that the DIRECT OBJECT of **envoyer** is **lettre**. The pronoun **lui** is the INDIRECT OBJECT.

In French, the kind of verbs which take an INDIRECT OBJECT are verbs of giving, sending, telling, asking, lending, offering, promising, etc., where you have the *thing* given, sent, told, asked, etc., and the *person* to whom you send, tell, ask, etc.

PERSONAL PRONOUNS

Subject		Direct Object		Indirect Object	
je	I	**me***	me	**me***	to me
tu	you	**te***	you	**te***	to you
il	he	**le**	him, it	**lui**	to him
elle	she	**la**	her, it		to her
				(y†)	to it, in it, there
nous	we	**nous**	us	**nous**	to us
vous	you	**vous**	you	**vous**	to you
ils *elles*	they	**les**	them	**leur**	to them
				(y†)	to them, in them, there

*NOTE 1 **me** and **te** change to **moi** and **toi** when placed after an imperative:

touchez-*moi*   **lève-*toi***

†NOTE 2 y is included in this table for completeness. It will be explained in the next lesson.

NOTE 3 Be careful to spell the PRONOUN **leur** correctly. There is *no* s. It is the POSSESSIVE ADJECTIVE which takes an s in the plural (leurs enfants).

POSITION

The *indirect object* pronoun follows the same rules for position as the *direct object*, *i.e.*, it is placed BEFORE the verb, *except with an imperative affirmative*:

Je *lui* parle.   **Ne *lui* parlez pas!**
Parlez-*lui*!

DIRECT AND INDIRECT OBJECT PRONOUNS TOGETHER

When direct and indirect object pronouns are used together (*e.g.*, *it to me, them to us, it to you*, etc.) the following order must be observed:

DIX-SEPTIÈME LEÇON

A. *Before the Verb* (*Statements, Questions, Imperative Negative*)

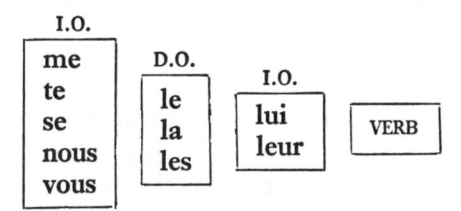

```
I.O.                 D.O.        I.O.
[ me  ]              [ le  ]     [ lui  ]     [ VERB ]
[ te  ]              [ la  ]     [ leur ]
[ se  ]              [ les ]
[ nous]
[ vous]
```

To practise the above combinations of pronouns, repeat the following groups (reading across the page) until you can say them without any hesitation:

me le	me la	me les
te le	te la	te les
se le	se la	se les
nous le	nous la	nous les
vous le	vous la	vous les
le lui	la lui	les lui
le leur	la leur	les leur

B. *After the Verb* (*Imperative Affirmative*)

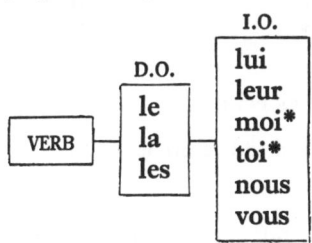

```
                     D.O.        I.O.
                     [ le  ]     [ lui  ]
[ VERB ]             [ la  ]     [ leur ]
                     [ les ]     [ moi* ]
                                 [ toi* ]
                                 [ nous ]
                                 [ vous ]
```

*NOTE 1 Remember that **moi** and **toi** are used instead of **me** and **te** after an imperative affirmative.

NOTE 2 All pronouns placed *after* their verb require to be joined by a *hyphen*.

NEGATIVE

In the negative, **ne** is placed *immediately before* the direct and indirect object pronouns.

Ils ne me le donnent pas.

(*Voir les exercices* 4, 5, 6, *pages* 193-194 *et* A, B, C, D, E, *pages* 224-225.)

2. The Weather (*le temps*)

Verbs describing the weather are generally used *impersonally*, that is, with il (*it*) as subject. Note the idiomatic use of the verb **faire**:

Il fait beau (temps)	It is fine
Il fait mauvais (temps)	It is bad weather
Il fait chaud	It is hot
Il fait froid	It is cold
Il fait du vent	It is windy
Il fait du brouillard	It is foggy
Il fait du soleil	It is sunny
Il fait de l'orage	It is stormy
Il fait jour	It is light
Il fait nuit	It is dark
Il pleut	It is raining
Il neige	It is snowing
Il gèle*	It is freezing
Il tonne	It is thundering
Il y a des éclairs	There is lightning

*NOTE geler is conjugated like mener and *not* like appeler.

Another very useful way of expressing the weather is by the expression **Il fait un temps** + adjective:

Il fait un temps splendide ⎱ lovely, glorious
                  superbe ⎰

                  affreux ⎱ frightful, awful
                  de chien ⎰

                  couvert ⎱ dull, cloudy, overcast
                  gris ⎰

DIX-SEPTIÈME LEÇON

Quel temps fait-il? (*What's the weather like?*)

Le soleil

Il fait du soleil
Il fait beau temps
Il fait chaud
Le soleil brille
Il fait‿un temps superbe

La pluie

Il pleut (à verse)
Il fait mauvais temps
Il fait‿un temps couvert
Il fait‿un temps gris
Il fait‿un temps affreux

La neige

Il neige
Il gèle

Le vent

Le vent souffle
Il fait du vent

Le brouillard

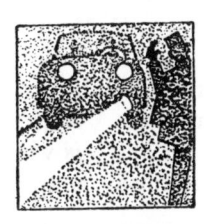

Il fait du brouillard
Il fait sombre (*dark*)

Un orage

Il fait de l'orage
Il y a des‿éclairs

3. The Seasons (*Les Saisons*)

Le printemps

Au printemps les‿oiseaux font leurs nids et les feuilles commencent‿à pousser.

L'été

En‿été on se baigne au bord de la mer.

L'automne

En‿automne le vent souffle et les feuilles tombent des‿arbres.

L'hiver

En‿hiver il fait froid et nous‿aimons avoir un bon feu.

L'été (*m.*)	summer	en‿été	*in* summer
L'automne (*m.*)	autumn	en‿automne	*in* autumn
L'hiver (*m.*)	winter	en‿hiver	*in* winter
Le printemps	spring	*au printemps	*in* spring

*NOTE 1 **En été, en automne, en hiver,** *but* **au printemps.**

NOTE 2 The seasons are all *masculine* in French.

Le Commencement des Saisons

> Le printemps commence le 21 mars.
> L'été commence le 21 juin.
> L'automne commence le 23 septembre.
> L'hiver commence le 22 décembre.

(*Voir l'exercice 2, page* 193.)

4. Gender Rule No. 6

Nouns ending in **-eur** are:

MASCULINE if they denote a person:

    le porteur, *porter*   le receveur, *conductor*
    le facteur, *postman*   le docteur, *doctor*

FEMININE (usually) if they do not:

    la couleur, *colour*   la fleur, *flower*
    la vapeur, *steam*   la peur, *fear*

5. Irregular Verbs

Verbs in **-oyer** and **-uyer** change the **y** to **i** before an **e** *mute*.

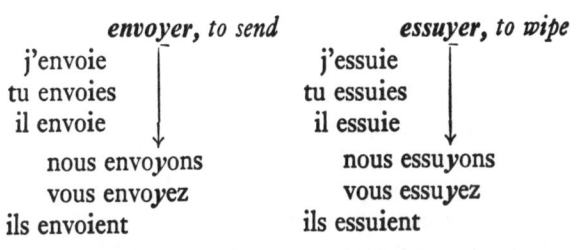

envoyer, to send	*essuyer, to wipe*
j'envoie	j'essuie
tu envoies	tu essuies
il envoie	il essuie
nous envo*y*ons	nous essu*y*ons
vous envo*y*ez	vous essu*y*ez
ils envoient	ils essuient

Conjugated in the present tense like **envoyer**: **nettoyer**, *to clean*.
Conjugated like **essuyer**: **ennuyer**, *to annoy*.

NOTE Verbs in **-ayer** (like **essayer**, *to try* and **payer**, *to pay*) may be spelled with either an **i** *or* a **y** in their present tense:

    j'essaie   *or*   **j'essaye**

écrire, to write	*recevoir,* to receive
j'écris	je re*c*ois
tu écris	tu re*c*ois
il écrit	il re*c*oit
nous écrivons	nous re*c*evons
vous écrivez	vous re*c*evez
ils écrivent	ils re*c*oivent

Dictées

1. Se lavent-ils bien quand‿ils se lèvent tard?
   Do they wash properly when they get up late?
2. Dépêche-toi! Il est sept heures et demie. Nous‿allons partir.
   Hurry up! It is half past seven. We are going.
3. Le jardinier cultive de beaux légumes dans son jardin.
   The gardener grows fine vegetables in his garden.
4. Nous mangeons tout notre chocolat et tous nos bonbons.
   We eat all our chocolate and all our sweets.
5. Savez-vous nager? Peut-on nager quand‿il n'y a pas d'eau?
   Can you swim? Can one swim when there is no water?
6. Réveillez-vous! Habillez-vous vite! Vous‿êtes‿en retard.
   Wake up! Get dressed quickly! You are late.

EXERCICES

1. **Répondez aux questions:**
    (1) Quelle est l'occupation d'Émile Lafarge?
    (2) Où travaille-t-il? Dans une grande ville?
    (3) Pourquoi est-ce que tout le monde l'aime?
    (4) Comment sait-il que le mari de Brigitte est malade?
    (5) Comment sont les nuits en été? Et en hiver?
    (6) Comment Émile distribue-t-il ses lettres quand il neige?
    (7) Quel temps déteste-t-il le plus?
    (8) Que fait Émile quand il est en nage?
    (9) Pourquoi préfère-t-il l'été à l'hiver?
    (10) Comment est la vie d'un facteur? Facile?

2. (*a*) **Lisez** (*read*) **chaque phrase, puis dites quel temps il fait (Il fait . . .):**
   (1) Le soleil brille et on joue dans le jardin.
   (2) Nous ne pouvons pas sortir à cause de (*because of*) la pluie.
   (3) Nous jouons au tennis, puis nous nageons dans la rivière.
   (4) Nous portons des vêtements (*clothes*) chauds quand nous sortons.
   (5) On ne voit pas le soleil à cause des nuages (*clouds*).

   (*b*) **Répondez aux questions:**
   (1) En quelle saison voit-on de la glace?
   (2) En quelle saison les feuilles tombent-elles des arbres?
   (3) En quelle saison les fleurs commencent-elles à pousser?
   (4) En quelle saison fait-on des pique-niques?
   (5) Quelle saison préférez-vous? Pourquoi?

3. **Mettez la forme correcte du verbe:**
   (1) Ils leur (*écrire*) des lettres. (2) Vous (*recevoir*) une carte postale. (3) Ils (*acheter*) des timbres. (4) Ils (*recevoir*) du courrier. (5) Nous (*se diriger*) vers les ours. (6) Elles (*se promener*) près du lac. (7) (*Se laver*)-vous toujours le matin? (8) Il lui (*envoyer*) son adresse. (9) Vous (*dire*) la vérité. (10) Ils (*savoir*) où se trouve l'église. (11) Ils ne (*pouvoir*) pas se défendre. (12) Nous (*se servir*) de nos vélos. (13) Ils (*envoyer*) le télégramme. (14) Ils (*prendre*) l'autobus au coin. (15) Ils (*espérer*) que le facteur va arriver.

4. **Remplacez les mots en italiques par des pronoms:**
   (1) J'envoie *la lettre à la dame*. (2) J'écris *la carte aux hommes*. (3) *Les boulangers* vendent *le pain aux clients*. (4) Ils nous disent *la vérité*. (5) Ils offrent *les bonbons aux enfants*. (6) Ils me donnent *les exercices*. (7) Il promet (promises) *le cadeau à la fille*. (8) Vous nous envoyez *les colis*. (9) *Mon cousin* me prête *le papier buvard*. (10) *Mon professeur* m'explique bien *cette leçon*.

5. Mettez au négatif les phrases qui sont à l'affirmative et vice-versa:
   (1) Envoyez-les-moi. (2) Ne le lui donnez pas. (3) Écrivez-la-nous. (4) Ne me la dis pas. (5) Offrez-les-nous. (6) Ne la lui prête pas. (7) Ne nous les dites pas. (8) Rendez-les-leur. (9) Ne nous parlez pas. (10) Expliquez-le-moi.

6. Remplacez les mots en italiques par des pronoms:
   (1) Envoyez-vous *le colis aux hommes*? (2) Prêtez *le parapluie à la dame*. (3) M'écrivent-ils *les cartes*? (4) Ne donne pas *le poisson au chat*. (5) Est-ce que tu me prêtes *la bicyclette*? (6) Apportez *les lettres au facteur*. (7) Ne me racontez pas *l'histoire*. (8) Nous envoie-t-il *le beurre*? (9) Dites-moi *la vérité*. (10) Vous rendent-ils *les billets*?

7. Traduisez en français:
   (1) Write (*pl.*) *him a card. (2) Don't give (*s.*) it to me. (3) Send (*s.*) them to me. (4) Don't lend (*pl.*) them to her. (5) Lend (*s.*) them to us. (6) Let's sell it to her. (7) Give (*s.*) it to us. (8) Give (*pl.*) *them a present. (9) Sell (*s.*) them to me. (10) Don't offer (*s.*) them to them.
   **Attention!*

8. Mettez *du, de la, des, etc.* or *au, à la, aux, etc.* à la place du tiret (*dash*):
   (1) Donnez l'os ——— chien. (2) J'aime la couleur ——— encre. (3) Parlez ——— élève. (4) Le vélo ——— Roger. (5) Montrez le chemin ——— meuniers. (6) La voix ——— animaux. (7) Le bruit ——— cochon. (8) Rendez-la ——— Hélène. (9) Attendez ——— barrière. (10) Voici le chapeau ——— fille.

9. Mettez au pluriel:
   (1) Il veut écrire une longue lettre à sa nièce. (2) Elle écrit à l'enfant. (3) Il dit que cette gomme est à son frère. (4) C'est une petite plaisanterie. (5) Il court vite à son bureau.

DIX-SEPTIÈME LEÇON

10. Donnez le contraire de:
    - (1) le jour
    - (2) avant
    - (3) derrière
    - (4) l'été
    - (5) rapide
    - (6) l'automne
    - (7) étroit
    - (8) possible
    - (9) de bonne heure
    - (10) mal

11. Traduisez en français:
    - (1) Listen to him.
    - (2) Ask for it.
    - (3) Let us wait for her.
    - (4) Look at them.
    - (5) Don't wait for me.
    - (6) Get up!
    - (7) Tell me the time.
    - (8) Too much snow.
    - (9) A lot of ice.
    - (10) Not enough rain.

12. Traduisez en français:
    - (1) In winter the nights are long and it is cold.
    - (2) When it rains we cannot go out.
    - (3) The postman loses his way when it is foggy.
    - (4) He is *in the country. Write *him a letter.
    - (5) Everybody likes her for she is good tempered.
    - (6) The boys cannot skate on the ice. *It is too thin.
    - (7) When we are late we hurry up.
    - (8) Have you enough money to buy a stamp for this postcard?
    - (9) They throw snowballs at him and make fun of his beard.
    - (10) She is very curious. She reads her brother's letters.

Attention!

Jeu

Acrostiche

(1) On écrit mon premier sur l'enveloppe d'une lettre.
(2) On se sert de mon deuxième pour faire des lignes droites.
(3) On boit mon troisième au petit déjeuner.
(4) Mon quatrième est le premier jour de la semaine.
(5) On se sert de mon cinquième pour se laver.
(6) On colle (*sticks*) mon sixième sur une enveloppe ou sur une carte.
(7) Vous attrapez peut-être mon septième si vous sortez par un temps froid.

(8) Mon huitième est un verbe. Vous le faites quand vous voulez recevoir vos amis à la maison.
(9) Mon neuvième est le frère de votre mère.
(10) Vous allez à mon dixième pour acheter vos provisions.
(11) Les mauvais élèves reçoivent mon onzième quand ils sont méchants.
(12) Il y a soixante minutes dans mon douzième.
(13) On monte mon treizième pour arriver au deuxième étage (*floor*).

Mon tout est un monument très célèbre à Paris.

Verbes Quotidiens

1. il (sentir)
   vous (préférer)
   tu? (courir)
   elle n? (se promener)
   il (se servir)

2. Écrivez: **rire** et **envoyer**

3. Écrivez: **essuyer** et **écrire**

4. Écrivez: **préférer** et **recevoir**

5. elles? (recevoir)
   je (recevoir)
   on n? (recevoir)
   tu (recevoir)
   nous? (recevoir)

6. vous? (écrire)
   tu n. (écrire)
   nous (écrire)
   je n. (écrire)
   on? (écrire)

7. vous (se promener)
   vous n. (recevoir)
   nous (pénétrer)
   elles n. (ennuyer)
   ils (écrire)

8. Écrivez: **recevoir** et **écrire**

9. tu (voir)
   ils n? (recevoir)
   vous (acheter)
   on? (envoyer)
   vous n. (essuyer)

10. il (voir)
    je (pénétrer)
    il n. (jeter)
    elles (appeler)
    je (envoyer)

LEÇON DIX-HUIT—DIX-HUITIÈME LEÇON

LE PROFESSEUR : Quel temps fait-il aujourd'hui ?
LA CLASSE : Il fait‿un temps couvert, monsieur.
Il fait très beau, monsieur.
Il fait‿un temps affreux, monsieur.
LE PROFESSEUR : Est-ce qu'on voit le soleil ?
LA CLASSE : Oui, monsieur, le ciel est très clair.
Non, monsieur, on ne le voit pas à cause des nuages.

VOCABULAIRE A

l'air (*m.*)	air	le fer	iron
ancien	ancient	fou, folle	mad
à cause de	because of	mort	dead
le charbon	coal	la peur	fear
charger	to charge	remarquer	to notice
le chef de train	guard	rond	round
le chemin de fer	railway	salir	to dirty
		toujours	still, always
la côte	hill, slope	le tas	heap
le coup de sifflet	blast on the whistle	la valise	suitcase
		la vapeur	steam
cracher	to spit	la voiture	carriage
croire	to believe	voyager	to travel

VOCABULAIRE B

agiter	to wave	extrêmement	extremely
les bagages (*m.*)	luggage		
la chaudière	boiler	grincheux	grumpy
éclater	to burst	grogner	to grouse
ennuyer	to annoy	le haut	top
exister	to exist	hélas !	alas !
exprès	on purpose	le jet	jet

la malle	trunk	ralentir	to slow down
odieux	odious	le rail	rail
le passage à niveau	level crossing	siffler	to whistle
		transporter	to carry
patatras!	crash!	vainement	in vain
poussif	wheezy	les vêtements (*m.*)	clothes
le porteur	porter		
la rage	rage		

LOCUTIONS

cela la rend grincheuse, that makes her grumpy.
d'un air fâché, angrily
quelle barbe! what a beastly nuisance!

HENRIETTE

Henriette est une ancienne locomotive. Maintenant qu'elle est vieille et poussive elle ne travaille plus sur les grandes lignes et cela la rend grincheuse. Chaque fois que le chef de train passe elle a la mauvaise habitude de lui cracher des jets de vapeur et de la fumée noire. Elle n'est jamais de bonne humeur. Elle est toujours de mauvaise humeur. Oui, c'est bien triste. Tout le monde le remarque. Le chef de train la déteste. Les_employés du chemin de fer la détestent. Personne ne l'aime plus.

Elle est_aussi extrêmement gourmande. Elle mange des kilos et des kilos de charbon chaque jour.

Elle ne tire plus de grandes voitures propres et confortables comme avant. Aujourd'hui ses voitures ne sont ni propres ni confortables. Elles sont vieilles et les places y sont dures et inconfortables. Elles salissent les vêtements des gens qui y voyagent. On ne les nettoie jamais.

Henriette aime beaucoup la gare. Quand_elle y voit tous les voyageurs qui l'attendent, elle se croit très_importante.

« C'est moi qu'ils_attendent, pense-t-elle. Ils ne peuvent pas voyager sans moi. »

Mais quand_elle voit les porteurs qui arrivent, ses grands_yeux ronds les regardent d'un_air fâché. Elle n'aime pas du tout l'idée de transporter les bagages des voyageurs.

« Toutes ces valises et toutes ces malles sont trop lourdes, grogne-t-elle. Je les déteste. »

Quand le chef de train donne son coup de sifflet pour le départ, elle pense:

« Quel misérable petit bruit! Ce n'est rien. Je peux faire mieux que cela! » et elle donne un coup de sifflet très fort qui fait sauter en l'air tout le monde sur les quais.

Quand_elle voit les gens qui l'attendent au passage à niveau elle ralentit exprès.

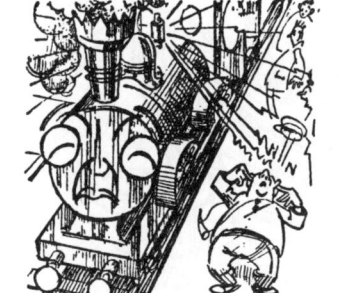

— Oh! que je suis_importante! crie-t-elle. Ils ne peuvent pas passer avant moi.

Oui, hélas! Elle est vraiment_ odieuse.

Mais Henriette a un_ennemi spécial qui l'ennuie toujours. C'est Gaston le signal. Chaque fois qu'elle est_obligée de s'arrêter devant Gaston elle est furieuse.

— Psch-sch-sch! fait-elle en colère. Quelle impertinence! Et elle siffle de rage et crache de la fumée noire.

Un matin elle grimpe vers le haut de la longue côte qui mène au signal. Quand elle y arrive elle voit que le misérable Gaston a le bras levé contre elle.

— Nom d'un chien! dit-elle furieusement. Quelle barbe! C'est toujours le même signal. C'est toujours Gaston. Il ne me laisse jamais passer. Je suis sûre qu'il le fait exprès pour m'ennuyer. Je vais lui donner une bonne leçon.

Et avec un long coup de sifflet Henriette quitte les rails et se précipite avec colère vers le signal.

Gaston la voit et tremble de peur.

— Au secours! Au secours! crie-t-il. Henriette est folle!

Elle va me tuer! Aidez-moi! Et il agite vainement les bras.

Mais c'est trop tard. Avec un cri de colère Henriette charge vers le pauvre Gaston. Puis, tout d'un coup, patatras! il y a un bruit formidable. Avec une explosion affreuse la chaudière d'Henriette éclate et avec un craquement terrible Gaston tombe sur la vieille locomotive.

Sous un grand tas de charbon, de fer et de bois la pauvre Henriette donne faiblement un dernier coup de sifflet, puis . . . silence.

Henriette n'existe plus. Elle est morte.

PHRASES À RÉPÉTER

Les employés du chemin de fer la détestent.
Elle mange des kilos de charbon chaque jour.
Il ne me laisse jamais passer.
Il le fait exprès pour m'ennuyer.
Henriette est folle! Elle va me tuer!
On ne les nettoie jamais.

GRAMMAIRE

1. Negatives

Ils *ne* peuvent *pas* voyager sans moi.
On *ne* les nettoie *jamais*.
Henriette *n'*existe *plus*.
Ce *n'*est *rien*.
Personne ne l'aime.
Ses voitures *ne* sont *ni* propres *ni* confortables.

If you study the above examples you will see that the other negative forms are used the same way as **ne ... pas**, that is, ne is always placed before the verb. Ne must *never be left out*.

ne ... pas	not
ne ... pas du tout	not at all
ne ... jamais	never, not ever
ne ... plus	no more, no longer
ne ... rien*	nothing
ne ... personne*	no one, nobody
ne ... ni ... ni	neither ... nor

*NOTE 1 Rien and **personne** are pronouns and so may be the subject *or* the object of the verb.

SUBJECT: **Personne *ne* l'aime.**   *No one likes her.*
OBJECT: Elle *n'*aime personne.   *She likes no one.*
SUBJECT: **Rien *n'*est impossible.**   *Nothing is impossible.*
OBJECT: Je *ne* fais rien.   *I am doing nothing.*

NOTE 2 Be careful of sentences like 'I am *not* doing *anything*'. One must say 'I am doing *nothing*'.

Je *ne* fais *rien*.

nothing = *not anything*   no one = *not anyone*
no more = *not any more*
etc.

Pas can *never* be put with another negative form. Plus and jamais, however, can be combined with others.

Personne ne l'aime *plus*.   *No one likes her any more.*
Il ne fait *jamais rien*.   *He never does anything.*

DIX-HUITIÈME LEÇON

NOTE 3 Negative forms may be used alone (*i.e.*, without a verb) in answer to questions:

Qu'est-ce que vous faites?	**Rien.**
Qui aime Henriette?	**Personne.**
Quand est-ce qu'on la nettoie?	**Jamais.**
Aime-t-elle cette idée?	**Pas du tout.**

NOTE 4 Jamais can also mean *ever*. In this case the ne is left out.

Êtes-vous *jamais* méchant?   Non, *jamais*.
Are you ever naughty?   *No, never.*

NOTE 5 When jamais and plus control the indefinite article (un, une) or the partitive article (du, etc.) with the sense of *never any* or *not any more*, the same change to the preposition de occurs as after pas.

Il a toujours *un* crayon.   Il n'a jamais *de* crayon.
He has always got a pencil.   *He never has a pencil.*

Je n'ai plus *d'*encre.
I have no more ink.

(*Voir les exercices* 8, *page* 207 *et* A (i) à (iv), *pages* 225–226.)

2. Y

Y is a conjunctive (weak) pronoun and belongs grammatically to the table of pronouns already learned (Lesson 17, page 186). It is used to avoid the repetition of an adverbial phrase answering the question *where?* and has the meaning of *there*. *It follows the same rule for position as the other conjunctive pronouns*, *i.e.*, before the verb except after an imperative affirmative.

Où (sur, sous, devant, derrière, dans, entre, à, etc.) = y

Je vais à la porte   J'entre dans la classe
        ↓   ↓
    J'*y* vais   J'*y* entre

        Je suis dans la classe
                ↓
            J'*y* suis

Look at the following examples:
1. Ses voitures sont vieilles et les places *y* sont dures.
2. Elle regarde la gare et les voyageurs qui *y* attendent.

In 1, Y stands for dans ses voitures.
In 2, Y stands for à la gare.

NOTE 1 Là, *there*, is used when pointing to a place. Y, *there*, is used when referring to a place just mentioned. Compare Voilà and Il y a.

NOTE 2 Be careful not to confuse y (referring to *a place*) with lui and leur (referring to *a person or persons*).

NOTE 3 Y counts as a *vowel*. Do not forget to elide the *e mute* of words like me, ne, te, le, etc., before y.

*J'*y vais.   *N'*y allez pas.

NOTE 4 When y is used with *direct* and *indirect object* pronouns it is always placed *after* them.

Nous *les y* rencontrons
Nous *les leur y* envoyons

(*Voir les exercices* 4, 5, *page* 206 *et* B, *page* 226.)

3. Irregular Verbs

Ouvrir, to open
j'ouvre
tu ouvres
il ouvre
nous ouvrons
vous ouvrez
ils ouvrent

croire, to believe
je crois
tu crois
il croit
nous croyons
vous croyez
ils croient

Conjugated like ouvrir are: couvrir, *to cover*, découvrir, *to discover*, offrir, *to offer*, souffrir, *to suffer*.

Dictées

1. Attends-la ici.   Ne bouge pas.   Essaie d'être sage.
Wait for her here.   Don't move.   Try to be good.

DIX-HUITIÈME LEÇON

2. Ma fille aînée n'aime pas la neige. Elle est trop froide.
   My eldest daughter does not like the snow. It is too cold.
3. Quel vent! Quelle pluie! Il fait‿un temps affreux!
   What a wind! What rain! It is frightful weather!
4. À Pâques les vacances sont courtes. En‿été elles sont longues.
   At Easter the holidays are short. In summer they are long.
5. L'étang est gelé. Nous pouvons patiner là-bas.
   The pond is frozen. We can skate down there.
6. Quel âge as-tu? J'ai quinze ans. Je suis le cadet.
   How old are you? I am fifteen. I am the youngest.

EXERCICES

1. **Répondez aux questions:**
   (1) Que fait Henriette chaque fois que le chef de train passe?
   (2) Est-ce qu'Henriette est toujours de bonne humeur?
   (3) Nommez un autre de ses défauts.
   (4) Est-ce qu'elle tire toujours de grandes voitures propres?
   (5) Comment se croit-elle quand elle voit les voyageurs qui l'attendent sur le quai?
   (6) Que dit-elle quand le chef de train donne son coup de sifflet?
   (7) Qui est Gaston?
   (8) Pourquoi est-ce qu'Henriette le déteste?
   (9) Que fait Gaston quand il voit qu'Henriette va le tuer?
   (10) Henriette existe-t-elle toujours?

2. **Mettez la forme correcte des verbes suivants:**
   (1) Les receveurs (*prendre*) l'argent. (2) Ils (*croire*) qu'elle est morte. (3) Les voitures (*salir*) les vêtements. (4) (*Savoir*)-tu quelle heure il est? (5) Je (*partir*) à six heures et demie. (6) Nous (*voyager*) dans le train. (7) Le facteur (*recevoir*) des boules de neige dans le dos. (8) Nous (*lancer*) des pierres (*stones*). (9) Les pompiers (*envoyer*) des jets d'eau sur l'incendie. (10) Les passants (*devoir*) marcher sur le trottoir. (11) Ils (*offrir*) un pourboire (*tip*) au porteur. (12) Voici ton

stylo. (*Écrire*) à ta tante. (13) Les singes (*courir*) après le chapeau. (14) Les gens impolis (*agir*) impoliment. (15) Ils lui (*dire*) que c'est faux.

3. (*a*) Mettez à l'interrogatif:
   (1) Vous vous couchez tard. (2) Nous nous lavons bien. (3) Ils se dirigent vers nous. (4) Jeanne se lève tôt. (5) Tu te sauves en vitesse.

   (*b*) Après la correction de l'exercice 3(a), mettez les verbes à l'interrogatif négatif.

4. Répondez à l'affirmative en employant (*using*) *y* à la place de chaque adverbe. (*Exemple:* Allez-vous à Paris? Oui, j'y vais.)
   (1) Vos livres sont-ils sur le pupitre?
   (2) Le train entre-t-il en gare?
   (3) Montez-vous dans votre chambre?
   (4) Est-ce que les agneaux (*lambs*) sautent dans les champs?
   (5) Les enfants jouent-ils au bord de la mer?
   (6) Va-t-il à Londres?
   (7) Nage-t-il souvent dans la piscine (*swimming-bath*)?
   (8) Dort-il dans son lit?
   (9) Rencontrent-ils leurs amis dans la rue?
   (10) Les voitures attendent-elles au passage à niveau?

5. Remplacez les mots en italiques par des pronoms:
   (Ne confondez (*confuse*) pas *y* avec *lui, leur*)
   (1) Je donne un cadeau *à *mon frère*. (2) Je le pose *sur son assiette*. (3) Ils crient « Sauvez-vous! » *à *leurs amis*. (4) Elle court *à la maison*. (5) Les garçons patinent *sur l'étang gelé*. (6) Ils jettent des boules de neige *à Émile*. (7) Ils donnent le pain *aux canards*. (8) Les canards nagent *sur le lac*. (9) Il dit « Bonsoir » *à ses parents*. (10) Il monte *dans sa chambre*.

*NOTE Do not confuse the different persons of the possessive adjective with the direct and indirect object pronouns; à *mon* frère, à *ton* frère, à *leurs* frères, etc., are replaceable by lui or leur.

DIX-HUITIÈME LEÇON

6. Remplacez les mots en italiques par un pronom:
(1) J'offre *le cadeau à ma sœur*. (2) *Les voyageurs* arrivent *à la gare*. (3) Envoie *la lettre à ton frère*. (4) Nous allons *chez l'épicier*. (5) Écrivez *la carte à votre mère*. (6) Ne nous envoyez pas *les fruits*. (7) Elle ralentit *au passage à niveau*. (8) Ne m'écrivez pas *ces choses*. (9) N'allez pas *au cinéma*. (10) Ils envoient *les télégrammes à leurs amis au bord de la mer*.

7. Traduisez en français:
(1) Let's not listen *to her. (2) Don't send (*s.*) it to him. (3) Tell (*pl.*) *him the time. (4) Don't put (*s.*) them there. (5) Ask (*pl.*) *him the way. (6) They write *her a letter. (7) Sell (*s.*) them to them. (8) Don't wait (*pl.*) *for him. (9) Offer (*s.*) *them some sweets. (10) *Are they looking for *her?

* *Attention!*

8. Mettez au négatif:
(1) Je joue toujours en classe (*never*).
(2) Le soleil brille (*no longer*).
(3) Quelqu'un me voit (*no one*).
(4) J'aime le travail (*not at all*).
(5) Nous faisons quelque chose (*not anytning*).
(6) Je déteste tout le monde (*not anybody*).
(7) Tout est intéressant (*nothing*).
(8) Il boit toujours *du café (*never*).
(9) Nous avons *une voiture (*not, no*).
(10) J'ai *des bonbons (*no more*).

* *Attention!*

9. Donnez des ordres. (Attention! Faut-il (*must one*) employer *tu* ou *vous*?)

Dites:
(1) à votre frère de se lever.
(2) à un enfant de s'habiller.
(3) à une dame de se reposer.
(4) à un garçon sale de se laver.
(5) à votre ami de vous dire l'heure.

10. **Donnez le contraire de:**
    - (1) vendre
    - (2) détester
    - (3) finir
    - (4) perdre
    - (5) descendre
    - (6) répondre
    - (7) partir
    - (8) fermer
    - (9) sortir
    - (10) vider

11. **Traduisez en français:**
    - (1) I don't want anything.
    - (2) No one sees me.
    - (3) We see nobody.
    - (4) She is no longer here.
    - (5) Nothing is easy.
    - (6) We never cheat.
    - (7) It is neither hot nor cold.
    - (8) Half past eight.
    - (9) Every day.
    - (10) Because of the postman.

12. **Traduisez en français:**
    - (1) Everybody likes Peter.   He never cheats.
    - (2) They are waiting for the train which is late because of the snow.
    - (3) Do not spit.   It is very rude.
    - (4) The holidays are too long, aren't they?
    - (5) Hurry!   You will miss (*manquer*) the bus.   Try to run.
    - (6) Each time that she has to stop she is furious.
    - (7) The black smoke dirties the white shirts of the travellers.
    - (8) The old engine eats too much coal.   *It is greedy.
    - (9) The car does not slow down at the level crossing.
    - (10) The porter rushes onto the platform with the luggage.

* *Attention!*

Jeu

Pouvez-vous déchiffrer ce message que la police a trouvé dans la poche d'un criminel? (A=Z, etc.)

OZITVMG VHG XZXSV WZMH FM HZX HLFH FMV ERVROOV KOZMXSV
WVIIRVIV OZ KLIGV WV OZ XFRHRMV YIFOZV XV KZKRVI

DIX-HUITIÈME LEÇON

Verbes Quotidiens

1. il (recevoir)
   nous n. (écrire)
   tu? (se servir)
   elle n. (ennuyer)
   ils (nettoyer)

2. Écrivez: **ouvrir et écrire**

3. Écrivez: **recevoir** et croire

4. Écrivez: **offrir et geler**

5. elles? (devoir)
   il (voir)
   elle (nettoyer)
   il (préférer)
   nous? (devoir)

6. vous? (finir)
   vous (dormir)
   nous (jeter)
   je n? (pouvoir)
   vous? (rire)

7. Écrivez: **croire et couvrir**

8. Écrivez: **souffrir et pénétrer**

9. tu (partir)
   ils? (se servir)
   nous (découvrir)
   vous? (battre)
   ils n. (geler)

10. tu? (découvrir)
    je (se battre)
    il n? (souffrir)
    elles (faire)
    nous (sourire)

APPENDIX A

EXERCICES ORAUX

NOTE Those exercises marked with an asterisk (*) are also suitable for use as supplementary written exercises.

Leçon 5

A. LE PROFESSEUR: Touchez le pupitre. Qu'est-ce que vous faites?
   LA CLASSE: Nous touchons le pupitre, monsieur.
   LE PROFESSEUR: Regardez la lampe. Qu'est-ce que vous faites?
   LA CLASSE: Nous regardons la lampe, monsieur.
   etc.

B. <center>JEU: **Je pense à....**</center>
   LE PROFESSEUR: Je pense à un objet qui commence par la lettre C.
   LA CLASSE: Est-ce que vous pensez à une chaise, monsieur?
   LE PROFESSEUR: Non, je ne pense pas à une chaise.
   LA CLASSE: Est-ce que vous pensez à un cahier?
   LE PROFESSEUR: Non, je ne pense pas à un cahier.
   LA CLASSE: Est-ce que vous pensez à une corbeille à papier?
   LE PROFESSEUR: Oui, c'est ça. Je pense à une corbeille à papier.
   Le professeur pense à un autre objet.

C. LE PROFESSEUR: Je regarde la carte.
   LA CLASSE: Est-ce qu'il regarde la carte? Oui, il regarde la carte.
   LE PROFESSEUR: Je touche la table.
   LA CLASSE: Est-ce qu'il touche la table? Oui, il touche la table.
   etc.

D. LE PROFESSEUR: Touchez le pupitre. Est-ce que vous touchez la fenêtre?
   LA CLASSE: Non, monsieur, je ne touche pas la fenêtre. Je touche le pupitre.
   etc.

APPENDIX A

E. LE PROFESSEUR (*montre la porte*): Est-ce que c'est la fenêtre?
    LA CLASSE: Non, monsieur, ce n'est pas la fenêtre, c'est la porte.
    LE PROFESSEUR (*montre le plafond*): Est-ce que c'est le plancher?
    LA CLASSE: Non, monsieur, ce n'est pas le plancher, c'est le plafond.

etc.

*F. Example: *The soldier's horse = the horse of the soldier.*
  (1) The woman's kitchen.   (6) Roger's nose.
  (2) The girl's doll.   (7) Mme Duroc's flower.
  (3) The soldier's watch.   (8) The children's book.
  (4) The man's farm.   (9) The pupil's rubber.
  (5) The dog's tail.   (10) The boy's shirt.

Leçon 6

Affirmative	*Negative*
A. je suis sage	je ne suis pas méchant(e)
tu es méchant(e)	tu n'es pas sage
il est méchant	il n'est pas sage
elle est méchante	elle n'est pas sage
nous sommes sages	nous ne sommes pas méchant(e)s
vous‿êtes méchant(e)(s)	vous n'êtes pas sage(s)
ils sont méchants	ils ne sont pas sages
elles sont méchantes	elles ne sont pas sages

B. Un‿âne fait « hi-han! »
  Un chien fait « ouâ-ouâ! »
  Un chat fait « miaou! »
  Un canard fait « couin-couin! »
  Un coq fait « cocorico! »
  Une vache fait « meu-eu-eu! »
  Une poule fait « cot-cot-cot-codète! »

The teacher imitates an animal:
LA CLASSE: *Est-ce que vous‿êtes‿un(e) . . . ?
LE PROFESSEUR: Non, je ne suis pas‿un(e) . . . .
         Oui, je suis‿un(e). . . .
       * *or* êtes-vous . . . ?

The pupils can also be animals and ask each other the questions.

C. *The class repeats each line after the teacher:*

				Masc. Sing.	Fem. Sing.	Plural
one person	Je	joue	avec	mon canif,	ma balle et	mes soldats
	Tu	joues	avec	ton canif,	ta balle et	tes soldats
	Il	joue	avec	son canif,	sa balle et	ses soldats
	Elle	joue	avec	son canif,	sa balle et	ses soldats
more than one person	nous	jouons	avec	notre canif,	notre balle et	nos soldats
	vous	jouez	avec	votre canif,	votre balle et	vos soldats
	Ils	jouent	avec	leur canif,	leur balle et	leurs soldats
	Elles	jouent	avec	leur canif,	leur balle et	leurs soldats

D. LE PROFESSEUR:

Fermez votre livre
Montrez mon nez
Montrez ma bouche
Montrez mes‿yeux
Montez sur votre banc
Montez sur ma chaise
Ouvrez votre cahier
Regardez votre voisin

(a) (*à un élève*) Qu'est-ce que vous faites?
(b) (*à la classe*) Qu'est-ce qu'il fait?

Repeat with pairs of pupils.
   Ouvrez vos livres   (a) Qu'est-ce que vous faites?
      etc.   (b) Qu'est-ce qu'ils font?

E. **Dans la salle de classe:**

il y a
- des‿élèves
- des pupitres
- une pendule
- un tableau noir
- des fenêtres
- etc.

Regardez la salle de classe:

☞   voilà
- les‿élèves
- les pupitres
- la pendule
- le tableau noir
- les fenêtres
- etc.

Leçon 7

Affirmative	*Negative*
A. (i) j'ai les mains propres	je n'ai pas les mains sales
tu as les mains sales	tu n'as pas les mains propres
il a les mains sales	il n'a pas les mains propres
elle a les mains sales	elle n'a pas les mains propres
nous‿avons les mains propres	nous n'avons pas les mains sales
vous‿avez les mains sales	vous n'avez pas les mains propres
ils‿ont les mains sales	ils n'ont pas les mains propres
elles‿ont les mains sales	elles n'ont pas les mains propres

A. (ii) *Repeat after the teacher:*

J'ai une tête.　　　　　　　J'ai dix doigts.
J'ai deux‿yeux.　　　　　　J'ai deux pieds.
J'ai deux bras.　　　　　　 J'ai deux jambes.
　　　　　　　　etc.

Repeat with the other persons.

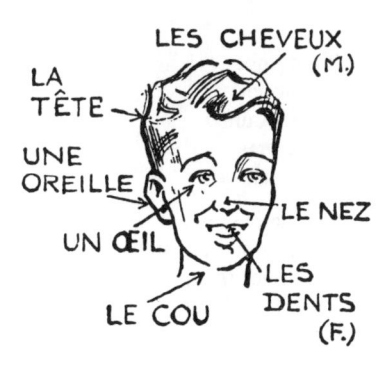

LES CHEVEUX (M.)
LA TÊTE
UNE OREILLE
UN ŒIL
LE COU
LE NEZ
LES DENTS (F.)

LES CHEVEUX (M.)
LES YEUX (M.)
LA BOUCHE
LA MAIN
LES DOIGTS (M.)
LE BRAS

*A. (iii) LE PROFESSEUR:　　　　　　　　　　　　　LA CLASSE:

Combien { de têtes / de bras / d'oreilles / de pieds / de doigts / de genoux / de jambes / de mains } { est-ce que / est-ce qu' } { j'ai? / tu as? / il a? / elle a? / nous‿avons? / vous‿avez? / ils‿ont? / elles‿ont? }

Vous‿avez ...
J'ai ...
Il a ...
Elle a ...
Nous‿avons ...
J'ai ...
Ils‿ont ...
Elles‿ont ...

A. (iv) Je n'ai pas deux têtes.
Je n'ai pas quatre bras.
Je n'ai pas trois nez.
   etc.

Repeat with the other persons.

*B. *Put* de *in front of the following nouns:*

le frère	les poupées	les cochons	la terre
la sœur	l'oreille	l'animal	le poisson
l'avion	la mère	le soldat	la poule
les soldats	les coqs	le plumier	les voitures
la fleur	le professeur	l'homme	l'ami
l'os	l'an	le bruit	le canard
les enfants	le voisin	la vache	les vaches
le pistolet	la pelouse	les barrières	l'herbe
le canif	les avions	l'âne	le genou
la niche	l'élève	les locomotives	la cuisine

*C. *Put into the plural:*
(1) le cheval
(2) le jeu
(3) un œil
(4) le cadeau
(5) un coq
(6) la voix
(7) un nez
(8) un animal
(9) le bras
(10) un cheveu

*D. (1) Jean (10 ans).
(2) Roger (11 ans).
(3) Françoise (10 ans).
(4) Pierre (13 ans).
(5) Monique (8 ans).
(6) Marie (14 ans).
(7) Toutou (3 ans).
(8) Victor (9 ans).
(9) Louis (6 ans).
(10) Robert (15 ans).

Quel âge a Jean ?   Quel âge avez-vous ?
Quel âge a Roger ?
   etc.

Leçon 8

*A. Mettez *à* devant les noms suivants:

le tonnerre	les fleurs	les avions	le cou
la lune	l'encre	l'âne	la ficelle
l'école	la cuisine	le canard	l'enfant
les lunettes	les animaux	la figure	les bateaux
le moteur	l'explosion	l'oreille	la campagne

l'objet	le cochon	les souris	le pistolet
la barbe	la ville	le maître	l'avion
les poissons	les paquets	la rivière	les cadeaux
la dame	l'odeur	l'os	le doigt
le silence	le sucre	les morceaux	la grand-mère

B. (i)

LE PROFESSEUR: Jean, allez à la fenêtre. Où allez-vous?
L'ÉLÈVE: Je vais à la fenêtre, monsieur.
LE PROFESSEUR (*à la classe*): Où va-t-il?
LA CLASSE: Il va à la fenêtre, monsieur.

Répétez avec au tableau noir, à la porte, à la table, etc.

B. (ii)

LE PROFESSEUR: Jean, allez à la porte. Allez-vous à la table?
L'ÉLÈVE: Non, monsieur, je ne vais pas à la table, je vais à la porte.
LE PROFESSEUR (*à la classe*): Va-t-il à la table?
LA CLASSE: Non, monsieur, il ne va pas à la table, il va à la porte.
    etc.

NOTE Do not forget that **de** means *from* as well as *of*, therefore **du, de la, des**, mean *from the*.

B. (iii)

LE PROFESSEUR: Jean, allez du pupitre à la fenêtre. Où allez-vous?
L'ÉLÈVE: Je vais du pupitre à la fenêtre.
LE PROFESSEUR (*à la classe*): Où va-t-il?
LA CLASSE: Il va du pupitre à la fenêtre.
LE PROFESSEUR: Allez de la fenêtre au mur. Où allez-vous?
L'ÉLÈVE: Je vais de la fenêtre au mur.
LE PROFESSEUR (*à la classe*): Où va-t-il?
LA CLASSE: Il va de la fenêtre au mur.
    etc.

C. (i)

LE PROFESSEUR: Jean, frappez à la porte. Qu'est-ce que vous allez faire?
L'ÉLÈVE: Je vais frapper à la porte, monsieur.
LE PROFESSEUR (*à la classe*): Va-t-il frapper à la porte?
LA CLASSE: Oui, monsieur, il va frapper à la porte.

Répétez avec: **planter des fleurs**
                attraper des poissons

regarder les animaux
manger du sucre

C. (ii) *The teacher pretends to do various improbable actions.*
LE PROFESSEUR: Est-ce que je vais casser la fenêtre?
LA CLASSE: Non, monsieur, vous n'allez pas casser la fenêtre.
LE PROFESSEUR: Est-ce que je vais manger le papier-buvard?
LA CLASSE: Non, monsieur, vous n'allez pas manger le papier buvard.

Répétez avec: pleurer comme une fontaine
planter des os
aller à la lune
jouer avec les cochons
pêcher dans l'encrier

*D. Say (**oui** or **non**) whether the verb être should be used in translating each of the following sentences into French:
  (1) He *is* clever.
  (2) You *are* working.
  (3) She *is* going to play.
  (4) We *are* intelligent.
  (5) *Are* you listening?
  (6) *Are* they lazy?
  (7) *Is* she going to eat?
  (8) I *am* going to school.
  (9) He *is* at school.
  (10) I *am* going to begin.
  (11) *Are* we intelligent?
  (12) She *is* stupid.
  (13) She *is* not working.
  (14) *Are* they looking?
  (15) *Are* they working?
  (16) *Is* she crying?
  (17) *Is* she good?
  (18) He *is* going to cry.
  (19) They *are* opening the door.
  (20) They *are* naughty.

Leçon 9

Au Marché

A. (i)
ÉLÈVE A: Avec son‿argent Mme Duroc achète (*buys*) du beurre.
ÉLÈVE B: Avec son‿argent Mme Duroc achète du beurre et du fromage.
ÉLÈVE C: Avec son‿argent Mme Duroc achète du beurre, du fromage, du lait.
ÉLÈVE D: Avec son‿argent Mme Duroc achète du beurre, du fromage, du lait, des raisins secs.
etc.

APPENDIX A

Each pupil repeats what the previous pupil has said, adding one more purchase each time.

Les achats (*purchases*) de Mme Duroc

du beurre	du pain
du fromage	des‿œufs
du lait	du poisson
des raisins secs	du vin
de la farine	des cigarettes
du café	du sel
de la confiture	de l'huile
des‿allumettes	de la viande

*A. (ii) Répondez aux questions:
  (1) Qu'est-ce que Mme Duroc achète chez le boulanger?
  (2) Qu'est-ce qu'elle achète chez le boucher?
  (3) Qu'est-ce qu'elle achète chez l'épicier?

Leçon 10

A. '*Helpers*'

Je *veux* jouer	I want to play
Je *peux* jouer	I can (am able to) play
Je *vais* jouer	I am going to play
Je joue	I *am playing

   * No helper for I *am* playing.

Pouvez-vous ⎫   *Oui, je *peux* ⎫
Voulez-vous ⎬ faire un gâteau?   *Oui, je *veux* ⎬ faire un gâteau.
Allez-vous ⎭   *Oui, je *vais* ⎭

  * or possibly: Non, je ne . . . pas. . . .

Faites‿un gâteau.   Que faites-vous?   Je fais‿un gâteau.
  Make a cake.   *What are you doing?*   *I am making a cake.*
  Répétez avec: arroser le jardin
                punir le chien
                jouer en classe
                manger le papier buvard
                jouer avec des poupées
                répondre aux questions

NOTE Be very careful *not* to use TWO verbs when translating sentences like: *he is playing* (il joue), *are you watering the garden?* (arrosez-vous le jardin?), *do you like sweets?* (aimez-vous les bonbons?)

Leçon 11

A. LA CLASSE: Touchez le livre, monsieur.
LE PROFESSEUR: Quel livre ?   Ce livre-ci ?
LA CLASSE: Oui, monsieur, ce livre-là.
LE PROFESSEUR: Montrez la règle.
LA CLASSE: Quelle règle, monsieur ?   Cette règle-ci ?
LE PROFESSEUR: Oui, cette règle-là.
etc.

B. ### *La Baguette Magique* (*Magic Wand*)

Take each of the following examples in turn and pretend to show it to everybody like a conjuror. Then, with a wave of your *baguette magique*, make it vanish.

Voici du beurre.   Passez muscade! (*Hey presto!*)
Pas de beurre!

(1) du fromage
(2) de la farine
(3) de l'encre
(4) un œuf
(5) du café
(6) un gâteau
(7) de l'argent
(8) des cigarettes
(9) une gomme
(10) de la confiture
(11) du vin
(12) une souris
(13) de l'huile
(14) des allumettes
(15) un poisson
(16) un crayon
(17) du lait
(18) de la viande
(19) du papier buvard
(20) des devoirs

C. '*Helpers*'
   devoir=*to have to*   **pouvoir**=*to be able to*
   vouloir=*to want to*   **aller**=*to be going to*

Devez-vous ⎫
Voulez-vous ⎬ travailler?
Pouvez-vous ⎪
Allez-vous ⎭

Oui, je *dois* ⎫
*Oui, je *veux* ⎬ travailler
*Oui, je *peux* ⎪
*Oui, je *vais* ⎭

* or possibly, Non, je ne ... pas. ...

Travaillez-vous maintenant?   Oui, je travaille.
Are you working now?   Yes, I *am* working.

Répétez avec : écouter le professeur
être sage
faire attention en classe
faire votre (mon) devoir

IMPORTANT Don't forget that the compound present tense in English (*I am working, do you work?*) is translated by a simple tense in French (ONE word only).

I *am* work*ing* Je travaille
Do you *work?* Travaillez-vous?

Leçon 12

A. The teacher has a glass of water and an empty jug. Holding them up, he says: « Voici un verre d'eau froide et un pot vide. Dans le verre il y a de l'eau. Dans le pot il n'y a pas d'eau.»

LE PROFESSEUR:

Y a-t-il de l'eau froide dans le verre?

Y a-t-il de l'eau froide dans le pot?

(*Il montre le verre*) De l'eau?

(*Il montre le pot*) Pas d'eau?

Je verse l'eau dans le pot. Y a-t-il de l'eau dans le verre?

Y a-t-il de l'eau dans le pot?

(*Il montre le pot*) . . . ?

(*Il montre le verre*) . . . ?

LA CLASSE:

Oui, monsieur, il y a de l'eau froide dans le verre.

Non, monsieur, il n'y a pas d'eau froide dans le pot.

De l'eau.

Pas d'eau.

Non, monsieur, il n'y a pas d'eau dans le verre.

Oui, monsieur, il y a de l'eau dans le pot.

De l'eau.

Pas d'eau.

Leçon 13

A. (i) LE PROFESSEUR: Touchez le livre. Est-ce que vous le touchez?
LA CLASSE: Oui, monsieur, je le touche.
LE PROFESSEUR: Regardez la fenêtre. Est-ce que vous la regardez?
LA CLASSE: Oui, monsieur, je la regarde.

etc.

(ii) LE PROFESSEUR: Regardez-moi. Est-ce que vous me regardez?
LA CLASSE: Oui, monsieur. Je vous regarde.
LE PROFESSEUR: Touchez-moi. Est-ce que vous me touchez?
L'ÉLÈVE: Oui, monsieur. Je vous touche.

etc.

(iii) LE PROFESSEUR : Je vous regarde.   Qu'est-ce que je fais ?
   LA CLASSE :   Vous me regardez, monsieur.
   LE PROFESSEUR : Je vous touche.   Qu'est-ce que je fais ?
   L'ÉLÈVE :   Vous me touchez, monsieur.
                              etc.

B. The class is divided into two sections, A and B. As soon as the teacher says that he is going to do something one side tells him not to do it. The other side immediately contradicts them and urges him to do it.

LE PROFESSEUR : Je vais manger le papier buvard.
LES A :   Ne le mangez pas!
LES B :   *Si!   Mangez-le!
LE PROFESSEUR : Je vais casser la fenêtre.
LES B :   Ne la cassez pas!
LES A :   Si!   Cassez-la!
                              etc.

* NOTE Si is used instead of oui in answer to a *negative question* or in a *contradiction* starting with 'Yes . . .'

Leçon 14

A. One hundred and one tickets one inch square are made from white cardboard and the numbers from 0 to 100 written on them. The tickets are put into a bag and drawn out one at a time.

Variation 1. The teacher draws the number and holds it up to the class. The pupil whose hand is held up first gives it in French.

Variation 2. Each pupil draws a number in turn and has two seconds to give the French for it.

B. LE PROFESSEUR : Où est la pendule ?
   LA CLASSE :   La voilà, monsieur.
   LE PROFESSEUR : Où sont les fenêtres ?
   LA CLASSE :   Les voilà, monsieur.
   LE PROFESSEUR : Où sont les‿élèves ?
   LA CLASSE :   Nous voici, monsieur.
                              etc.

C. Êtes-vous‿acteur (actrice) ?
   (1) Vous‿êtes‿en colère.   Regardez *furieusement* votre voisin(e).
   (2) Vous‿êtes très content(e).   Sautez *joyeusement*.
   (3) Vous‿êtes fatigué(e).   Marchez *lentement*.

(4) Vous êtes pressé(e). Marchez *rapidement (vite)*.
(5) Votre devoir est mauvais. Regardez-le *tristement*.
(6) Vous détestez votre ennemi(e). Regardez-le (-la) *férocement*.
(7) Vous êtes malade. Parlez *faiblement*.
(8) Votre chien est méchant. Grondez-le *sévèrement*.
(9) Tout le monde dort. Marchez *silencieusement*.
(10) Votre ami(e) a un stylo neuf. Regardez-le *jalousement*.

Leçon 15

A. The teacher pronounces the following words, one at a time. The class then states which accent, if any, is needed and why.

(1) levons	(8) college	(14) dernier
(2) premiere	(9) septieme	(15) appellent
(3) modele	(10) espere	(16) soulevent
(4) soulevons	(11) sechons	(17) derniere
(5) appelez	(12) achetent	(18) esperons
(6) jette	(13) menons	(19) frere
(7) mere		(20) terre

B. LE PROFESSEUR: Je touche la porte. La porte est verte (rouge, etc.). Quelle porte est-ce que je touche?
LA CLASSE: Vous touchez la porte qui est verte.
LE PROFESSEUR: Quelle porte est verte?
LA CLASSE: La porte que vous touchez est verte.
LE PROFESSEUR: C'est ça. La porte qui est verte est la porte que je touche.
LE PROFESSEUR: Je regarde un élève. Cet élève s'appelle Jean. Quel élève est-ce que je regarde?
LA CLASSE: Vous regardez l'élève qui s'appelle Jean.
LE PROFESSEUR: Quel élève s'appelle Jean?
LA CLASSE: L'élève que vous regardez.
LE PROFESSEUR: C'est ça. L'élève que je regarde est l'élève qui s'appelle Jean.

C.
demander { un timbre / de la monnaie / la permission }   chercher { un objet perdu / un bel endroit / la clef }

attendre { un autobus / un ami / un train }   regarder { le vocabulaire / une image / un beau tableau } payer { une place / un ticket / un verre de limonade   écouter { la musique / le professeur / les hiboux

1. The teacher says any of the six verbs and the pupils must immediately add a suitable noun.
2. The teacher says any of the nouns and the pupils must immediately preface it by a suitable verb.
3. Taking a suitable noun, the teacher says e.g., "Voici un timbre". One half of the class (A) says: "Demandez-le!" The other half (B) says: "Non, ne le demandez pas."
4. As in No. 3 above, but the A's say: "Ne le demandez pas", and the B's say: "Si, demandez-le!"

Leçon 16

A.

Le matin

Je me réveille.
Je me lève.
Je me lave.
Je m'habille.
Je me peigne.
Je me précipite en bas.
Je prends mon petit déjeuner.
Je mets ma casquette (mon chapeau).
Je pars pour l'école.
Je me rappelle mes livres.
Je retourne à la maison.
Je prends mes livres.
Je me dirige vers l'école.
J'arrive en retard.
Je m'excuse.

Le soir

Je bâille.
Je monte dans ma chambre.
Je me déshabille.
Je me lave.
Je me couche.
Je m'endors.

A pupil comes up before the class. The teacher reads out the actions one by one and the pupil acts them, repeating as he or she does them, "Je me réveille", etc. After each action the teacher asks the rest of the class, "Que fait-il (elle)? **Que font-ils (elles)?**"

Variation: After each action the class says:
"Tu te réveilles (vous vous réveillez)", etc.

B. Choosing suitable verbs from exercise A, do the following exercises:

   (i) LE PROFESSEUR: Dites-moi de me réveiller.
       LA CLASSE: Réveillez-vous, monsieur.
       LE PROFESSEUR: Dites-moi de me lever.
       LA CLASSE: Levez-vous, monsieur.
                  etc.

   (ii) LE PROFESSEUR: Dites-moi de ne pas me réveiller.
        LA CLASSE: Ne vous réveillez pas, monsieur.
        LE PROFESSEUR: Dites-moi de ne pas me lever.
        LA CLASSE: Ne vous levez pas, monsieur.
                   etc.

*C. *Répondez au négatif:*
   (1) Vous levez-vous à midi?
   (2) Vous couchez-vous à quatre heures?
   (3) Vous déshabillez-vous dans la salle à manger?
   (4) Vous lavez-vous dans le lac?
   (5) Vous‿endormez-vous en classe?
   (6) Vous moquez-vous de vos‿amis?
   (7) Vous battez-vous contre des filles? (des garçons?)
   (8) Vous couchez-vous dans la rue?
   (9) Vous peignez-vous (*comb your hair*) avec un râteau (*rake*)?
   (10) Vous lavez-vous quand vous‿êtes propre?

D. *L'Horaire d'un(e) élève français(e)*

   (1) À sept‿heures je me réveille.
   (2) À sept‿heures cinq je me lève.
   (3) À sept‿heures six je me lave.
   (4) À sept‿heures dix je m'habille.
   (5) À sept‿heures et quart je prends mon petit déjeuner.
   (6) À huit‿heures moins vingt je pars pour l'école.
   (7) À huit‿heures moins trois j'arrive à l'école.

(8) À huit‿heures les classes commencent.
(9) À midi je sors de classe.
(10) À midi cinq je rentre à la maison.
(11) À midi vingt-cinq j'arrive à la porte.
(12) À midi et demi je déjeune.
(13) À une heure je me lève de table.
(14) À deux‿heures moins vingt je repars pour l'école.
(15) À deux‿heures moins trois j'arrive à l'école.
(16) À deux‿heures les classes reprennent.
(17) À cinq‿heures les classes se terminent.
(18) À cinq‿heures et demie j'arrive à la maison.
(19) À six‿heures je fais mes devoirs.
(20) À huit‿heures je prends mon souper.
(21) À neuf‿heures moins le quart je monte dans ma chambre.
(22) À neuf‿heures moins dix je me déshabille.
(23) À neuf‿heures moins cinq je me lave.
(24) À neuf‿heures je me couche.
(25) À neuf‿heures deux je m'endors.

Leçon 17

A. The class is divided into two groups: A and B.
LE PROFESSEUR: Je vais donner le crayon à Roger.
LES A: Ne lui donnez pas le crayon!
LES B: Si! Donnez-lui le crayon!

B. A pencil or book is passed round the class from one pupil to another. The giver says, "Je vous le donne." The receiver answers, "Vous me le donnez" or "Il me le donne".

Répétez avec deux pronoms: Ne le lui donnez pas.

Répétez avec: prêter, offrir, envoyer, etc.

C. LE PROFESSEUR (*tendant un crayon*): Je vous le donne.
L'ÉLÈVE: Il me le donne.
LE PROFESSEUR: Rendez-le-moi.
L'ÉLÈVE (*rendant le crayon*): Je vous le rends.
Repeat with each pupil.

D. An object is tossed between pupil and teacher (un ballon, une balle).
LE PROFESSEUR: Est-ce que je vous le jette?
L'ÉLÈVE: Oui, vous me le jetez.

LE PROFESSEUR	(*à la classe*): Est-ce que je le lui jette?
LA CLASSE:	Oui, vous le lui jetez.

Repeat with each pupil.

E. Each time the teacher names an article the class has to say either, "Donnez-le (la, les)-moi" or "Ne me le (la, les) donnez pas".

Suggestions:

des bonbons	un mauvais point
un bon point	un pensum (*imposition*)
une pomme	un devoir supplémentaire
un verre de limonade	du pain rassis
un pourboire	des œufs cassés
des bananes	une punition
un timbre rare	un coup de pied (*kick*)
un bon dîner	une correction (*beating*)
une bonne note	une gifle (*smack in the face*)

Leçon 18

A. *Negatives.*

All the questions put by the teacher must be answered by the class in the *negative*.

LE PROFESSEUR:	LA CLASSE:

(i) **Personne**

Voyez-vous quelqu'un?	Non, je ne vois personne.
Entendez-vous quelqu'un?	Non, je n'entends personne.
Cherchez-vous quelqu'un?	Non, je ne cherche personne.
Regardez-vous quelqu'un?	Non, je ne regarde personne.
Est-ce que quelqu'un vous frappe?	Non, personne ne me frappe.
Est-ce que quelqu'un vous touche?	Non, personne ne me touche.
Y a-t-il quelqu'un à la porte?	Non, il n'y a personne à la porte.

etc.

(ii) **Rien**

Y a-t-il quelque chose dans votre bouche?	Non, il n'y a rien dans ma bouche.
Avez-vous quelque chose dans la main?	Non, je n'ai rien dans la main.

Qu'est-ce que vous mangez ?	Je ne mange rien.
Qu'est-ce qui est difficile ?	Rien n'est difficile.

etc.

(iii) **Jamais**

Jouez-vous souvent en classe ?	Non, je ne joue jamais en classe.
Trichez-vous quelquefois ?	Non, je ne triche jamais.
Êtes-vous quelquefois impoli(e) ?	Non, je ne suis jamais impoli(e).
Vous levez-vous souvent très tard ?	Non, je ne me lève jamais très tard.

etc.

(iv) **Ni ... ni ...**

Avez-vous une barbe ?	Non, je n'ai pas de barbe.
Avez-vous une moustache ?	Non, je n'ai ni barbe ni moustache.
Avez-vous des cigarettes ?	Non, je n'ai pas de cigarettes.
Avez-vous des cigares ?	Non, je n'ai ni cigarettes ni cigares.
Aimez-vous tricher ?	Non, je n'aime pas tricher.
Aimez-vous mentir ?	Non, je n'aime ni tricher ni mentir.
Êtes-vous gourmand(e) ?	Non, je ne suis pas gourmand(e).
Êtes-vous égoïste (*selfish*) ?	Non, je ne suis ni gourmand(e) ni égoïste.
Buvez-vous de la limonade au petit déjeuner ?	Non, je ne bois pas de limonade au petit déjeuner.
Buvez-vous de la bière au petit déjeuner ?	Non, je ne bois ni limonade ni bière au petit déjeuner.

etc.

B. LE PROFESSEUR: LA CLASSE:

Jean, allez à la fenêtre.	
Allez-vous à la fenêtre ?	Oui, monsieur, j'y vais.
(*à la classe*) Y va-t-il ?	Oui, monsieur, il y va.
(*à Jean*) Êtes-vous devant la fenêtre ?	Oui, monsieur, j'y suis.
(*à la classe*) Y est-il ?	Oui, monsieur, il y est.

Répétez avec: **aller à la porte**, etc.

APPENDIX B

NOTES ON PRONUNCIATION

1. THE BASIC VOWEL SOUNDS

    Group 1. *Front Unrounded Vowels*

	Phonetic symbol	Short	Long
(1)	(i)	lit	lire
(2)	(e)	donner	
(3)	(ɛ)	verte	vert
(4)	(a)	partent	part

    Group 2. *Back Vowels*

(5)	(ɑ)	pas	pâte
(6)	(ɔ)	sortent	sort
(7)	(o)	chaud	chaude
(8)	(u)	joue	jour

    Group 3. *Front Rounded Vowels and the Neutral Vowel*

(9)	(y)	du	dur
(10)	(ø)	joyeux	joyeuse
(11)	(œ)	œuf	moteur
(12)	(ə)	le	

    Group 4. *Nasalised Vowels*

(13)	(ɛ̃)	saint	cinq
(14)	(ɑ̃)	grand	grande
(15)	(õ)	long	longue
(16)	(œ̃)	brun	humble

    Group 5. *The Three Semi-Vowels*

(17)	(j)	pied
(18)	(w)	oui
(19)	(ɥ)	huit

2. Sentences for Vowel Practice
   (1) Mimi lit‿un livre gris au lit.
   (2) Cet‿été les fées ont visité le pré.
   (3) Ma mère met la chaise verte près de la fenêtre.
   (4) J'envoie la malle de papa à la gare.
   (5) Jacques passe trois‿heures en classe.
   (6) Paul sort pour sonner la cloche du clocher.
   (7) J'ai mis la rose dans‿un gros seau d'eau.
   (8) Les noms: bijou, caillou, chou, genou, hibou et joujou prennent toujours un "x" au pluriel.
   (9) Jules tue la tortue avec le fusil de Luc.
   (10) Il pleut si peu que ce lieu est‿en feu.
   (11) Ma sœur pleure parce que ses fleurs meurent.
   (12) Cette montre ne marche pas.
   (13) Les vingt-cinq chiens dans le train ont faim.
   (14) Ma tante va en France dimanche le trente décembre.
   (15) Les garçons dans le salon sont blonds.
   (16) Lundi, M. Lebrun donne à chacun un parfum.
   (17) Taillez bien le crayon de Pierre.
   (18) Voilà mon mouchoir dans la boîte.
   (19) Les nuages apportent la pluie en Suède.

3. Sentences for Consonant Practice
   (*k*) Qui dit qu'elle court sur le quai?
   (*l*) Quelle belle pelle!
   (*p*) Papa prépare le potage pour Pierre.
   (*r*) Quand‿un gendarme rit dans la gendarmerie, tous les gendarmes rient dans la gendarmerie.
   (*t*) Ton thé t'a-t-il ôté ta toux?

APPENDIX C

ACCENTS, SIGNS AND PUNCTUATION MARKS, ETC.

1. ACCENTS

(´) L'accent aigu:
This is always placed on an e and has the effect of making it closed (VOWEL NO. 2).

(`) L'accent grave:
When placed on an e this has the effect of making it open (VOWEL NO. 3).

(^) L'accent circonflexe:
When placed on an e it has the same effect as (`). It often marks the loss of an s. Compare:

forest	la forêt
master	le maître
castle	le château

NOTE (`) and (^) are also used to distinguish two words which are written and pronounced in the same way. Compare:

a	(*has*)	à	(*to, at*)
la	(*the*)	là	(*there*)
sur	(*on*)	sûr	(*sure*)
ou	(*or*)	où	(*where*)

Rules for Accents

One or two general rules may be useful:

1. *L'accent grave* (`) is placed on an e which is followed by ONE CONSONANT and an E MUTE.

    derri*è*re   deuxi*è*me   l*è*vent

NOTE Always work from the *end of the word backwards* when calculating which is an E MUTE.

2. *As a rule, no accent* is placed on an e followed by TWO CONSONANTS.
    *e*spère   intéressant   rester

2. Signs

Cedilla (la cédille): Before **o, a, u** the cedilla (,) is placed under the **c** (ç) to indicate that it is pronounced as a soft **s** and not as a **k**:

gar**ç**on   nous avan**ç**ons

Diaeresis (le tréma): This indicates that two vowels which follow each other are pronounced separately. It is placed on the *second* of the two vowels.

Noë**l**   **a**ï**e!**

Apostrophe (l'apostrophe): marks the elision (cutting off) of a final vowel in front of a word starting with a *vowel or h mute*.

l'arbre (for *le arbre*)   **l'homme** (for *le homme*)

Hyphen (le trait d'union) must always be put between a verb and its pronouns when the latter follow the verb.

a-t-il?   **donnez-le-moi**

3. Elision

e is elided (cut off) in words of one syllable like je, me, de, se, ne, te, que (il *m*'appelle, je *n*'ai pas).

a is only elided in one case: the article or pronoun **la** (*l*'eau for la eau; il *l*'a for il la a).

i is only elided in one case: **si** (*if*) before **il** (*s*'il for si il). Si is never elided before **elle** (si elle).

NOTE 1 The **i** of qui is *never* elided. (Qui est. . . .)

NOTE 2 *The Rule of Three Consonants*
    An **e** must not be elided if in doing so it produces a series of *three consecutive consonants*,

quatr(e) enfants
une autr(e) école
but
quatre chevaux
un‿autre professeur

4. Punctuation

.	point	full stop
,	virgule	comma
;	point et virgule	semi-colon

APPENDIX C

:	deux points	colon
?	point d'interrogation	question mark
!	point d'exclamation	exclamation mark
« »	guillemets	inverted commas (French style)
—	tiret	dash
-	trait d'union	hyphen
...	points de suspension	dots
( )	parenthèse	brackets

NOTE The **tiret** (*dash*) is used much more than the inverted commas to denote a change of speaker:

— Au secours! crie-t-il.

5. Division into Syllables

As a general rule a French syllable *ends with a vowel and begins with a consonant*.

né-ga-tive   lo-co-mo-tive

(but words beginning with a prefix divide at the prefix:

dés-o-bé-ir)

Where there are two consonants, division is generally between the two:

im-pos-sible   in-té-res-sant   par-ler

APPENDIX D

USEFUL PHRASES AND VOCABULARY FOR THE CLASSROOM

Behaviour

Ne vous balancez pas sur votre chaise.	Don't tilt your chair.
Ne vous affalez pas.	Don't sprawl, loll.
Ne gigotez pas.	Don't fidget.
Ne tripotez pas votre crayon.	Don't fiddle with your pencil.
Ne sucez pas votre doigt (pouce, crayon).	Don't suck your finger (thumb, pencil).
Ne marmottez pas.	Don't mumble.
Ne chahutez pas.	Don't rag.
Ne criez pas tous à la fois.	Don't all shout at once.
Ne gaspillez pas le papier.	Don't waste paper.
Ne soufflez pas à votre voisin.	Don't prompt your neighbour.
Tenez-vous droit.	Sit up straight.
Ne vous retournez pas.	Don't turn round.
Votre pupitre est en désordre.	Your desk is untidy.
Rangez votre pupitre.	Tidy your desk.
Ne copiez pas sur votre voisin.	Don't copy from your neighbour.

Marks

la note	marks (total)
le point	mark (separate)
cinq sur dix	five out of ten
le maximum	full marks
une bonne note	a good (high) mark
une mauvaise note	a bad (low) mark
cinq points pour le soin (la présentation).	five for neatness, tidiness.
Je n'ai pas encore fini mes calculs.	I've not yet finished adding (them) up.
Combien avez-vous pour la dictée ?	How much did you get for the *dictée*?

Additionnez vos points.	Add up your marks.

Classroom Procedure

donner (distribuer) les livres	to give out the books
ramasser les cahiers, les copies, les textes	to collect the exercise books, written papers, printed papers
visiter les pupitres	to inspect the desks
écrire au crayon (à l'encre)	to write in pencil (in ink)
laisser une ligne en blanc	to leave a space of one line
Retournez vos livres sur vos pupitres.	Turn your books over.
Puis-je sortir?	May I be excused?

Annotated Criticism of Work

peu soigné	untidy
négligé (irréflechi)	careless
à refaire	to be done again
Vous écrivez trop petit, gros, serré.	You write too small, large, cramped.

Punishment

un pensum	imposition
la retenue (*slang:* la colle)	detention
un mauvais point	a bad mark
un bon point	a good mark

Miscellaneous

le devoir	written prep.
la leçon	'learning' prep. (NOT lesson in the sense of *period*)
la classe	lesson (in the sense of *period*)
une épreuve écrite	written test
une épreuve orale	oral test
le papier brouillon	rough paper
C'est bien.	It's right.
C'est faux.	It's wrong.
Bravo! Mince alors! Chic alors! Chouette!	Hooray! Three cheers! Good!
l'emploi du temps	(school) timetable

APPENDIX E

LIST OF REGULAR AND IRREGULAR VERBS

Présent	Compounds and verbs conjugated in a similar manner
VERBS IN -er *Regular*	
donner, *to give* je donne — nous donnons tu donnes — vous donnez il donne — ils donnent	about 4,000
Irregular	
commencer, *to begin* je commence — nous commençons tu commences — vous commencez il commence — ils commencent	**lancer,** *to hurl* **avancer,** *to advance* all other verbs ending in -cer.
manger, *to eat* je mange — nous mangeons tu manges — vous mangez il mange — ils mangent	**mélanger,** *to mix* **se diriger vers,** *to move towards* **nager,** *to swim* all other verbs ending in -ger.
appeler, *to call* j'appelle — nous appelons tu appelles — vous appelez il appelle — ils appellent	**rappeler,** *to recall* **se rappeler,** *to remember*
jeter, *to throw* je jette — nous jetons tu jettes — vous jetez il jette — ils jettent	

APPENDIX E

Présent		*Compounds and verbs conjugated in a similar manner*
mener, *to lead*		acheter, *to buy*
je mène	nous menons	lever, *to raise*
tu mènes	vous menez	se lever, *to get up*
il mène	ils mènent	geler, *to freeze*
		ramener, *to bring back*
espérer, *to hope*		sécher, *to dry*
j'espère	nous espérons	pénétrer, *to penetrate*
tu espères	vous espérez	préférer, *to prefer*
il espère	ils espèrent	
essuyer, *to wipe*		ennuyer, *to annoy*
j'essuie	nous essuyons	
tu essuies	vous essuyez	
il essuie	ils essuient	
nettoyer, *to clean*		
je nettoie	nous nettoyons	
tu nettoies	vous nettoyez	
il nettoie	ils nettoient	
envoyer, *to send*		
j'envoie	nous envoyons	
tu envoies	vous envoyez	
il envoie	ils envoient	
aller, *to go*		
je vais	nous allons	
tu vas	vous allez	
il va	ils vont	

Verbs in -ir
Regular

finir, *to finish*		
je finis	nous finissons	
tu finis	vous finissez	
il finit	ils finissent	

	Présent	Compounds and verbs conjugated in a similar manner
	Irregular	
dormir, *to sleep* je dors tu dors il dort	nous dormons vous dormez ils dorment	**sentir,** *to feel, to smell* **mentir,** *to tell a lie* **servir,** *to serve* **sortir,** *to go out* **partir,** *to depart* **s'endormir,** *to fall asleep*
courir, *to run* je cours tu cours il court	nous courons vous courez ils courent	
ouvrir, *to open* j'ouvre tu ouvres il ouvre	nous ouvrons vous ouvrez ils ouvrent	**couvrir,** *to cover* **découvrir,** *to discover* **offrir,** *to offer* **souffrir,** *to suffer*
	Verbs in -re *Regular*	
attendre, *to wait* j'attends tu attends il attend	nous attendons vous attendez ils attendent	
	Irregular	
croire, *to believe* je crois tu crois il croit	nous croyons vous croyez ils croient	
écrire, *to write* j'écris tu écris il écrit	nous écrivons vous écrivez ils écrivent	

APPENDIX E

Présent		Compounds and verbs conjugated in a similar manner
dire, *to say, to tell* je dis tu dis il dit	nous disons vous **dites** ils disent	
faire, *to do, to make* je fais tu fais il fait	nous faisons vous **faites** ils **font**	
rire, *to laugh* je ris tu ris il rit	nous rions vous riez ils rient	**sourire,** *to smile*
être, *to be* je suis tu es il est	nous **sommes** vous **êtes** ils **sont**	
mettre, *to put* je mets tu mets il met	nous mettons vous mettez ils mettent	**battre,** *to beat* **se battre,** *to fight*
prendre, *to take* je prends tu prends il prend	nous prenons vous prenez ils **prennent**	**comprendre,** *to understand* **apprendre,** *to learn, to teach*

Verbs in -oir
Irregular

avoir, *to have* j'ai tu **as** il **a**	nous **avons** vous **avez** ils **ont**	

Présent	Compounds and verbs conjugated in a similar manner

savoir, *to know*
  je sais   nous savons
  tu sais   vous savez
  il sait   ils savent
 	
devoir, *to owe, to have to*
  je dois   nous devons
  tu dois   vous devez
  il doit   ils doivent
 	
recevoir, *to receive*
  je reçois   nous recevons
  tu reçois   vous recevez
  il reçoit   **ils reçoivent**
 	
pouvoir, *to be able*
  je peux (puis)   nous pouvons
  tu peux   vous pouvez
  il peut   ils peuvent
 	
vouloir, *to wish, to want*
  je veux   nous voulons
  tu veux   vous voulez
  il veut   ils veulent
 	
voir, *to see*
  je vois   nous voyons
  tu vois   vous voyez
  il voit   ils voient
	
	revoir, *to see again*

VOCABULAIRE

Français—Anglais

Words which have the same form and meaning in both French and English are not included. The feminine of adjectives is not given when it forms regularly by adding e. An asterisk (*) before an h indicates an h aspiré.

A

d'abord, first of all, at first
absolument, absolutely
accepter, to accept
accompagner, to accompany
d'accord, all right, agreed
un achat, purchase
adorer, to adore, to love
une affaire, business; things
affreux, frightful
l'âge (*m.*), age
un agent (de police), policeman
une agitation, commotion
agiter, to wave
agréable, nice, pleasant
l'aide (*f.*), help; à l'aide de, with the help of
aider, to help
aïe! ow! ouch!
une aile, wing
aimable, nice, pleasant
aimer, to like, to love
aîné, elder, eldest
l'air (*m.*), air; avoir l'air, to look, to seem; d'un air fâché, angrily
aller, to go; comment allez-vous? how are you? vas-y! allez-y! go on! come on!
allumer, to light
une allumette, match
alors, well then, then
un ami, une amie, friend
ancien(-ne), ancient, old
un âne, donkey
une année, year
un anniversaire, birthday

un appartement, flat
appeler, to call
s'appeler, to be called
après, after
l'après-midi (*m. or f.*), afternoon
une araignée, spider
un arbre, tree
l'argent (*m.*), money, silver
un arrêt, stop (for bus)
arrêter, to arrest, to stop
s'arrêter, to stop (*intrans.*)
arriver, to arrive
arroser, to water
s'asseoir, to sit down
assez, enough
une assiette, plate
assis, sitting
attacher, to attach
attaquer, to attack
en attendant, meanwhile
attendre, to wait (for)
l'attention (*f.*), attention; attention! look out! careful! faire attention, to pay attention
attraper, to catch
aujourd'hui, to-day
aussi, also, too
aussitôt que, as soon as
une auto(mobile), car
un autobus, bus
autre, other
avaler, to swallow
avancer, to advance
avant, before (*of time*)
avec, with; et avec ça? is there anything else?
une aventure, adventure
un avion, aeroplane

avoir, to have
avril, April

B

les bagages (*m. pl.*), luggage
se baigner, to bathe
bâiller, to yawn
le balcon, balcony
la balle, ball
la bande, band, gang
une banane, banana
la barbe! dash it all! quelle barbe! what a nuisance!
la barrière, (barred) gate
bas(-se), low; en bas, downstairs; à voix basse, in a whisper
la basse-cour, farmyard
le bateau, boat
le battement, beating
battre, to beat; se battre, to fight
bavarder, to gossip, to talk a lot
beau, belle, fine, beautiful handsome, lovely
beaucoup, much, many, a lot
la bête, animal, beast
le beurre, butter
la bicyclette, bicycle
bien, well, very; bien sûr! of course!
bientôt, soon
le billet, banknote
la blague, joke; sans blague! you're joking!
blanc(he), white
le blé, corn
bleu, blue
boire, to drink
le bois, wood
la boîte, box, tin
le bol, bowl
bon(-ne), good; bon marché, cheap
le bonbon, sweet
le bonhomme de neige, snowman
bonjour, good morning
bonsoir, good evening, good night

bonté divine! goodness gracious! bless my soul!
le bord, edge; au bord de la mer, by the seaside
la bouche, mouth
le boucher, butcher
bouder, to sulk
le boulanger, baker
le bout, bit, end; au bout de, after
la bouteille, bottle
la branche, branch
le bras, arm
briller, to shine
le brouillard, fog
le bruit, noise
brûler, to burn
brun, brown
le bureau, office
le bureau de poste, post office
le buvard, blotting paper, blotter

C

ça, that (*contraction of* cela); ça y est, that's it!
cacher, to hide (*trans.*)
se cacher, to hide (*intrans.*)
le cadeau, present
le cadran, clock face
le café, coffee
le cahier, exercise book
la campagne, country; à la campagne, in the country
le canard, duck
le canif, penknife
le caoutchouc, rubber
car, for
le car, (intertown) bus
la carte, map, card
la carte postale, postcard
caresser, to stroke
casser, to break
à cause de, because of
ceci, this
cela, that
cent, a hundred
certain, certain
chacun, each one
la chaise, chair

la chambre, room
le chameau, camel
le champ, field
la chance, luck
changer, to change
le chapeau, hat
chaque, each
le charbon, coal
le chardon, thistle
le chat, cat
chaud, hot
la chaudière, boiler
la chaussette, sock
le chef, head, chief
le chef de train, guard
le chemin, way, road
le chemin de fer, railway
la chemise, shirt
la chemisette, blouse
cher(chère), dear, expensive
chercher, to look for
le cheval, horse
les cheveux (m.), hair
chez, at the house of; chez le —, at the —'s
chic (m. & f.), decent, nice
le chien, dog; nom d'un chien! dash it all! un temps de chien, dreadful weather
choisir, to choose
la chose, thing
chouette! hooray! good!
chuchoter, to whisper
chut! sh! quiet!
le ciel, sky
le cinéma, cinema
la circulation, traffic
clair, clear; au clair de lune, in the moonlight
la classe, class, period, lesson
la clef, key; fermer à clef, to lock
le client, la cliente, customer
le clou, nail
le cochon, pig
le cœur, heart
le coffre, boot (of a car)
le coin, corner
coincé, caught, stuck
la colère, temper

le colis, parcel
la colline, hill
combien? how much, how many?
comme, like, as
commencer, to begin, to start
comment, how; comment! what!
complètement, completely
comprendre, to understand
compter, to count
la confiture, jam
confortable, comfortable
content, pleased
contre, against
le contrebandier, smuggler
la copie, written work
copier, to copy
le coq, cock
la corbeille à papier, waste paper basket
la côte, hill, slope, coast
le côté, side; à côté de, next to; de l'autre côté, on the other side; prendre les choses du bon côté, to look on the bright side
le cou, neck
se coucher, to go to bed
la couleur, colour
le coup, blow; le coup de sifflet, a blast on the whistle
couper, to cut
courageux(-se), brave
courir, to run
le courrier, post
la course, race; faire des courses, to do the shopping
le cousin, la cousine, cousin
le couteau, knife
coûter, to cost
couvrir, to cover; un temps couvert, dull weather
cracher, to spit
la craie, chalk
le craquement, cracking noise
la cravate, tie
le cri, shout; pousser un cri, to give a shout

crier, to shout
croire, to believe
la cuisine, kitchen
la culotte, shorts
cultiver, to grow (*trans.*)
curieux, curious

D

la dame, lady
dangereux, dangerous
dans, in
danser, to dance
de, of, from
debout, standing
déchirer, to tear
décider (de), to decide
le défaut, fault, defect
se défendre, to defend oneself
déjà, already
déjeuner, to have lunch
le déjeuner, lunch
demain, to-morrow
demander, to ask (for)
la dent, tooth
le départ, start
se dépêcher, to hurry
dépenser, to spend (money)
dernier(-ère), last
derrière, behind
descendre, to get off, to descend
se déshabiller, to undress
désirer, to desire, to want
désolé, sorry
d'en dessous, below
détestable, hateful
détester, to hate
deuxième, second
devant, in front of
devenir, to become
devoir, to owe, to have to
le devoir, exercise, written 'prep.'
difficile, difficult
dimanche, Sunday
dire, to say, to tell; dites donc!
  I say!; vouloir dire, to mean
se diriger (vers), to make one's
  way (towards)
se disputer, to quarrel
distribuer, to deliver

dites: *see* dire
le doigt, finger
donc, therefore, then
donner, to give
dormir, to sleep
doucement, quietly
la douche, shower-bath
la douzaine, dozen
doux(-ce), soft, sweet
drôle, funny, queer
dur, hard
durer, to last

E

l'eau (*f.*), water
un éclair, a flash of lightning
éclater, to burst
une école, school; à l'école, at
  school
écouter, to listen (to)
écrire, to write
un écriteau, signboard
une écurie, stable
effacer, to wipe out
en effet, indeed
une église, church
un élève, une élève, pupil
élevé, brought up; mal élevé,
  badly brought up, rude
embrasser, to kiss
un employé, clerk
emporter, to take (away)
encore, yet, still; encore une
  fois, once more
l'encre (*f.*), ink
s'endormir, to go to sleep
un endroit, spot, place
un enfant, une enfant, child
enfin, at last
un ennemi, une ennemie, enemy
ennuyer, to annoy
énorme, enormous
ensemble, together
ensuite, next
entendre, to hear
entre, between
entrer, to go in, to come in
envoyer, to send
une épaule, shoulder

épeler, to spell
un épicier, grocer
un escalier, staircase
essayer (de), to try (to)
et, and
un étang, pond
être, to be
étroit, narrow
exactement, exactly
exaspéré, exasperated
s'excuser, to apologise
des excuses (f.pl.), excuses
un exemple, example; par exemple, for example
exister, to exist
expliquer, to explain
exprès, on purpose
extrêmement, extremely

F

en face de, opposite
fâché, angry; d'un air fâché, angrily
se fâcher, to get angry
facile, easy
le facteur, postman
faible, feeble, weak
faire, to make, to do; le canard fait couin! couin! the duck goes quack! quack!; faire attention, to pay attention; faire vite, to make haste; ça fait combien? how much is that?; faire des courses, to go shopping; faire un piquenique, to have a picnic; faire une promenade, to go for a walk; faire du feu, to light a fire; quel temps fait-il? what is the weather like?
la famille, family
la farine, flour
fatigué, tired
la faute, mistake, fault
faux(-sse), wrong
la femme, woman, wife
la fenêtre, window
le fer, iron
la ferme, farm

fermer, to shut; fermer à clef, to lock
féroce, fierce
le feu, fire; faire du feu, to light a fire
la feuille, leaf
la ficelle, string
fier(-ère), proud
la fille, girl
le fils, son
la fin, end
finir, to finish
fixir, to arrange
la flamme, flame
la fleur, flower
floc! splash!
la fois, time; encore une fois, once more
font: see faire
la fontaine, fountain
la forêt, forest
formidable, terrific
fort (adv.), loud; (adj.), strong
fou, folle, mad
le four, oven
frais, fraîche, fresh
le franc, franc (money)
français, French
le français, French (language)
frapper, to hit, strike; frapper à la porte, to knock on the door
le frère, brother
froid, cold
le fromage, cheese
le front, forehead
la fumée, smoke
furieux(-se), furious

G

gagner, to win
gai, cheerful
le garçon, boy
garder, to keep, to guard
la gare, station
le gâteau, cake
à gauche, on the left
geler, to freeze; gelé, frozen
le genou, knee

les gens (*m. pl.*), people
la géographie, geography
la girafe, giraffe
la glace, ice, mirror
la gomme, rubber
le gond, hinge
gourmand, greedy
le goûter, tea
le gouvernement, government
grâce à, thanks to
grand, big, large, tall
la grand-mère, grand-mother
le grand-parent, grandparent
grave, serious
grimper, to climb
grincer, to squeak
grincheux(-se), grumpy
gris, grey, dull (weather)
grogner, to grouse
gronder, to scold
gros(-se), large, big, fat
la guêpe, wasp
le guichet, counter (post office)

H

habillé, dressed
s'habiller, to dress (*intrans.*)
habiter, to live
une habitude, habit
la *haie, hedge
*hanté, haunted
*haut, high; le *haut, top
hélas! alas!
l'herbe (*f.*), grass
une heure, hour; de bonne heure, early
heureux(-se), happy
le *hibou, owl
hier, yesterday
une histoire, story
l'hiver (*m.*), winter
un homme, man
honnête, honest
la *huile, oil
l'humeur (*f.*), humour; de bonne humeur, good tempered; de mauvaise humeur, bad tempered

I

une idée, idea
impoli, rude, impolite
un incendie, fire; une pompe à incendie, a fire engine
indigné, indignant
indiquer, to point to, to show
un ingrédient, ingredient
inquiet(-ète), worried
inviter, to invite

J

jaloux(-se), jealous
jamais, ever; ne . . . jamais, never
la jambe, leg
le jardin, garden
le jardinier, gardener
jaune, yellow
le jet, jet
jeter, to throw
le jeu, game
jeudi, Thursday; le jeudi, on Thursdays
jeune, young; les jeunes gens (*m. pl.*), young folk, young people
la joie, joy
joli, pretty
jouer, to play
le jouet, toy
le jour, day
le journal, newspaper
la journée, day
jusqu'à, as far as
juste, just; juste à temps, just in time

K

le kilo, kilo

L

là, there; oh! là! là! oh, dear!
là-bas, over there
le lac, lake
là-haut, up there

VOCABULAIRE

laisser, to leave
laisser tomber, to drop
le lait, milk
la lampe, lamp
lancer, to throw
large, wide
laver, to wash (*trans.*)
se laver, to wash (*intrans.*)
la leçon, lesson, 'learning prep.'
léger(-ère), light
le légume, vegetable
le lendemain, the next day; le lendemain matin, the next morning
lentement, slowly
se lever, to get up
libre, free
le lièvre, hare
la ligne, line
la limonade, lemonade
le lion, lion
lire, to read
la liste, list
le lit, bed; au lit, in bed
le livre, book
la locomotive, engine
loin, far
long(-gue), long
longtemps, a long time; plus longtemps, any longer
lorsque, when
la loupe, magnifying glass
lourd, heavy
la lune, moon; au clair de lune, in the moonlight
les lunettes (*f. pl.*), glasses

M

le magasin, shop
magique, magic
magnifique, magnificent
la main, hand
maintenant, now
mais, but
la maison, house; à la maison, at home
le maître, master
la maîtresse, mistress
mal, badly
malade, ill
le, la malade, patient
malheureux(-se), unhappy
malhonnête, dishonest
la malle, trunk
maman, mummy
manger, to eat
le marché, market
marcher, to walk
marqué, marked
le matin, morning
la matinée, morning
mauvais, bad
mécanique, mechanical
méchant, naughty
meilleur, better
mélanger, to mix
même, same, even
mener, to lead
mentir, to tell a lie
merci, thank you
la mère, mother
le message, message
mettre, to put
se mettre à, to begin to; se mettre à table, to sit down to table
le meunier, miller
mieux, better; le mieux, best
le milieu, middle; au milieu de, in the middle of
mince, thin
minuit, midnight
misérable, miserable, wretched; petit misérable! wretched boy!
le moment, moment
le monde, world; tout le monde, everyone
la monnaie, change
monsieur, sir
le monsieur, gentleman
monter, to go up, to get on
la montre, watch
montrer, to show
se moquer de, to make fun of
le morceau, piece, bit, lump
mort, dead

le mot, word
le moteur, motor
le mouchoir, handkerchief
mouillé, wet
le moulin (à vent), (wind)mill
le mouton, sheep
le mouvement, movement
le mur, wall

N

en nage, streaming with perspiration
nager, to swim
naître, to be born
la neige, snow
neiger, to snow
nettoyer, to clean
neuf(-ve), new
le neveu, nephew
le nez, nose
ni...ni(...ne), neither...nor
la niche, kennel
le nid, nest
la nièce, niece
le niveau, level; le passage à niveau, level crossing
noir, black
le nom, name
nommer, to name
non, no; no I am not
nouveau(-elle), new
les nouvelles (f. pl.), news
le nuage, cloud
la nuit, night
le numéro, number

O

un objet, object
obligé, obliged
observer, to watch
une odeur, smell, odour
odieux(-se), odious
un œil, eye
un œuf, egg
offrir, to offer
un oiseau, bird
l'ombre (f.), shade; à l'ombre, in the shade
on, we, you, they, one

un oncle, uncle
un orage, thunderstorm
une oreille, ear
un os, bone
oser, to dare
ôter, to take off
ou, or
où, where
oublier, to forget
oui, yes
un ours, bear
ouvrir, to open

P

le pain, bread
pan! bang!
le panier, basket
le pantalon, trousers
papa, daddy
le papier, paper
le papier buvard, blotting paper
le paquet, parcel, packet
par, by; regarder par la fenêtre, to look out of the window; par tous les temps, in all weathers; par terre, on the ground; regarder par terre, to look down at the ground
paraître, to appear
parce que, because
par-dessus, over
paresseux(-se), lazy
parler, to speak, to talk
partir, to leave, to depart
partout, everywhere
le pas, step, pace
le passage à niveau, level crossing
le passant, passer-by
passer, to pass, to spend (time)
se passer, to happen
patatras! crash!
patiner, to skate
la patte, paw
pauvre, poor
payer, to pay (for)
pêcher, to fish
pédaler, to pedal

la pelouse, lawn
pendant, during; pendant que, [while]
la pendule, clock
la pensée, thought
penser, to think
perçant, piercing
perdre, to lose
le père, father
personne ... (ne), no one
la personne, person
petit, small, little; petit à petit, little by little
le petit déjeuner, breakfast
peu, little, few; peu à peu, little by little
la peur, fear
peut-être, perhaps
la pièce, coin
le pied, foot; à pied, on foot; rentrer à pied, to walk home
la pierre, stone
le pique-nique, picnic
piquer, to sting
pis, see tant pis
le pistolet, pistol
le placard, cupboard
la place, seat, place (in a queue); les places, s'il vous plaît! fares please!
placer, to put, to place
le plafond, ceiling
la plaisanterie, joke
le plaisir, pleasure
plaît: s'il vous plaît, please
la planche, plank
le plancher, floor
plein, full
pleurer, to cry
pleuvoir, to rain; il pleut à verse, it is pouring
la pluie, rain
la plume, nib
le plumier, pencil box
plus, more; le plus, most; ne ... plus, no more
plusieurs, several
la poche, pocket
le poisson, fish
poli, polite
poliment, politely

la police, police
la pomme, apple
la pompe à incendie, fire engine
le pompier, fireman
le pont, bridge
la porte, door
le porte-monnaie, purse
porter, to carry, to wear
le porteur, porter
poser, to put down
la poste, post office
le pot, pot, jug
la poupée, doll
pour, for, in order to
pourquoi, why
pousser, to grow (intrans.); to push; pousser un cri, to give a shout
poussif, wheezy
pouvoir, to be able (can, may)
se précipiter, to rush
préférer, to prefer
premier(-ère), first
prendre, to take
préparer, to prepare
près de, near
presque, nearly, almost
pressé, in a hurry
prêt, ready
prêter, to lend
prier, to ask, to beg
le printemps, spring
le prix, price
prochain, next
le professeur, master (can also be used for a lady teacher)
la promenade, walk; faire une promenade, to go for a walk
se promener, to go for a walk
propre, clean; own
puis, then
punir, to punish
la punition, punishment
le pupitre, desk

Q

quand, when
quand même, all the same

que, that, which, whom
que? what?
quelque, some; quelque chose, something; quelque temps, for a while; quelques, a few
quelquefois, sometimes
qu'est-ce que? what? qu'est-ce que c'est que ça? what is that? qu'est-ce qu'il y a? what is it? what's the matter?
la queue, tail
qui, who, which
qui? who?
quitter, to leave

R

raccommoder, to mend
raconter, to relate, to tell
le raisin sec, raisin
ralentir, to slow down
ramasser, to pick up
rapide, fast
se rappeler, to remember
rassis, stale
ravi, delighted
rayé, striped
le rayon, ray
le receveur, conductor
recevoir, to receive
reculer, to draw back, to move back
le regard, look; jeter un regard, to give a glance
regarder, to look (at)
la règle, ruler, rule
regretter, to regret, to be sorry
remarquer, to notice
remercier, to thank
remplir, to fill
rencontrer, to meet
rendre, to give back
rentrer, to return home
le repas, meal
répéter, to repeat
répondre, to reply
la réponse, reply
se reposer, to rest
le reste, rest, remainder

en retard, late
retourner, to return, to go back
se réveiller, to wake up
le revenant, ghost
rêver, to dream
revoir, to see again; au revoir, good-bye
le rhume, cold
rien ... (ne), nothing
la retenue, detention; en retenue, kept in
rire, to laugh
le rire, laugh
la rive, bank
la rivière, river
la robe, dress
le rocher, rock
rond, round
ronfler, to snore
la roue, wheel
rouge, red
rouillé, rusty
la route, road
la rue, street, road
rusé, cunning, crafty

S

sage, good (*of behaviour*)
la saison, season
sale, dirty
salir, to dirty
la salle à manger, dining room
la salle de classe, classroom
le salon, drawing room
sans, without
la santé, health
sauf, except
sauf(-ve), safe
sauter, to jump
se sauver, to run away
savoir, to know
sec, sèche, dry
sécher, to dry
secouer, to shake
le secours, help; au secours! help!
le sel, salt

VOCABULAIRE

la semaine, week
sembler, to seem
le sentier, path
le serpent, snake
se servir de, to use
seul, alone, only
sévère, severe
si, so, if, yes
siffler, to whistle
le signal, signal
le singe, monkey
sinistre, sinister
le soldat, soldier
le soleil, sun
la sœur, sister
le soin, care
le soir, evening
sombre, dark
la somme, sum
sonner, to ring
la sorte, kind, sort
sortir, to come out, to go out
soudain, suddenly
souffler, to blow
souffrir, to suffer
soulever, to lift up
le souper, supper
sourd, deaf
le sourire, smile
la souris, mouse
il sourit, he smiles
sous, under
souvent, often
le spectacle, sight
le spectre, ghost, spectre
splendide, splendid
stopper, to stop
stupide, stupid
le stylo, fountain pen
le sucre, sugar
le sud, south
suivant, following
suivre, to follow
sur, on
sûr, sure, safe; bien sûr! of course!
surpris, surprised
en sursaut, with a start
surtout, especially, above all

T

le tableau noir, blackboard
tant, so much, so many; tant pis! never mind!
la tante, aunt
tard, late; plus tard, later
le tas, heap, pile
le télégramme, telegram
téléphoner, to telephone
le temps, weather, time; de temps en temps, from time to time; il fait beau (mauvais) temps, it is good (bad) weather; juste à temps, just in time
tendre, to hold out, to offer
terminé, finished
la terre, earth, ground
terrible, terrible
la tête, head
le tigre, tiger
le timbre, stamp
tirer, to pull
le toit, roof
tomber, to fall; laisser tomber, to drop
tonner, to thunder
le tonnerre, thunder
le torchon, duster
tordu, twisted, bent
la tortue, tortoise
tôt, early
toucher, to touch
toujours, always, still
le tour, turn, trick
tourner, to turn
tout, everything
tout, tous, *etc.*, all; tous les jours, every day; tous les deux, both of them
tout à coup, all of a sudden
tout de suite, suddenly
tout le monde, everyone
en train de, in the middle of, in the act of
transporter, to carry, to take
le travail, work
travailler, to work

à travers, through
traverser, to cross
très, very
tricher, to cheat
le trimestre, term
triste, sad
se tromper, to make a mistake
trop, too, too much, too many
trotter, to trot
le trou, hole
trouver, to find
se trouver, to find oneself, to be (situated)
le tuyau, pipe, hose

U

utile, useful

V

va, *see* aller
les vacances (*f. pl.*), holidays; les grandes vacances, summer holidays
la vache, cow
la vague, wave
vainement, in vain
vais, *see* aller
la valeur, value
la valise, suitcase
la vallée, valley
la vapeur, steam
le vase, vase
le vélo, bike
vendre, to sell
venir, to come
le vent, wind; faire du vent, to be windy
la vérité, truth
vers, towards
verse, *see* pleuvoir
vert, green
la veste, jacket
les vêtements (*m.*), clothes
la viande, meat
vide, empty
vider, to empty
la vie, life
vieux, vieille, old
le village, village
la ville, town
le vin, wine
vite, quickly
la vitesse, speed; à toute vitesse, very quickly
voici, here is, here are
voilà, there is, there are
voir, to see
le voisin, la voisine, neighbour
la voiture, car, railway carriage
la voix, voice; à voix basse, in a whisper
le volant, steering wheel
voler, to fly, to steal
le voleur, robber
vont, *see* aller
vouloir, to wish, to want; vouloir dire, to mean
voyager, to travel
le voyageur, traveller
vrai, true
vraiment, really, truly

VOCABULARY

English—French

A

able, to be able to, pouvoir
accident, un accident
afternoon, un(e) après-midi
all, tout, tous, toute(s)
always, toujours
amusing, amusant
and, et
angry, fâché
animal, un animal
answer, la réponse
to answer, répondre
apple, la pomme
to arrive, arriver
to ask, to ask for, demander
at, à; at the —'s, chez le —
aunt, la tante

B

bad tempered, de mauvaise humeur
baker, le boulanger
ball, la balle
banana, la banane
to bark, aboyer
basket, le panier
beach, la plage
beard, la barbe
beautiful, beau, belle
because, parce que; b. of, à cause [de
bed, le lit
before, avant
behind, derrière
better, meilleur
between, entre

birthday, un anniversaire; happy b., bon anniversaire
black, noir
blue, bleu
bone, un os
bottle, la bouteille
boy, le garçon
to break, casser
breakfast, le petit déjeuner
bridge, le pont
brother, le frère
brown, brun
to burn, brûler
bus, un autobus
but, mais
butcher, le boucher
butter, le beurre
to buy, acheter

C

cake, le gâteau
to call, appeler
can, *see* able
car, la voiture
card, la carte
to catch, attraper
cave, la caverne
chair, la chaise
change, la monnaie
to change, changer
to cheat, tricher
cheese, le fromage
child, un(e) enfant
chocolate, le chocolat
to choose, choisir
church, une église
class, la classe

clock, la pendule
coal, le charbon
cold, froid
comfortable, confortable
conductor, le receveur
to copy, copier
country, la campagne
cousin, le cousin, la cousine
cow, la vache
crash! patatras!
to cross, traverser
curious, curieux
customer, le client, la cliente
to cut, couper

D

date, la date; what is the date? quelle date sommes-nous ?
daughter, la fille
day, le jour, la journée
December, décembre
difficult, difficile
dirty, sale
to dirty, salir
to dislike, détester
to do, faire
dog, le chien
doll, la poupée
donkey, un âne
door, la porte
downstairs, en bas
drawer, le tiroir
drawing-room, le salon
dress, la robe
to dress, s'habiller
duck, le canard

E

easy, facile
egg, un œuf
empty, vide
engine, la locomotive
English, anglais
enough, assez
every, chaque; every day, chaque jour, tous les jours
everybody, tout le monde
everywhere, partout
exercise, le devoir
to explain, expliquer
eye, un œil (*pl.* yeux)

F

to fall, tomber
far, loin
farm, la ferme
fast, vite
fat, gros(-se)
fault, la faute
a few, quelques
to fill, remplir
to find, trouver
fine, beau, belle; it is fine (weather), il fait beau
fire, un incendie
first (*adj.*), premier(-ère); first of all, d'abord
fish, le poisson
to fish, pêcher
flat, un appartement
flour, la farine
flower, la fleur
foggy, it is foggy, il fait du brouillard
foot, le pied
for (*prep.*), pour; (*conj.*), car
to forget, oublier
free, libre
to freeze, geler; it is freezing, il gèle
French (language), le français
fresh, frais, fraîche
friend, un ami, une amie
from, de
in front of, devant
furious, furieux

G

garden, le jardin
gentleman, le monsieur
to get on, monter (dans)
to get off, out, descendre
to get up, se lever
girl, la fille
to give, donner
glass, le verre

grandmother, la grand-mère
grease, la graisse
greedy, gourmand
green, vert
to go, aller
to go for a walk, faire une promenade
to go into, entrer dans
to go out, sortir
to go to sleep, s'endormir
good, bon; (*of behaviour*) sage
good morning, bonjour
grey, gris
grocer, un épicier
guard, le chef de train
to guard, garder

H

hair, les cheveux (*m. pl.*)
hand, la main
hat, le chapeau
to hate, détester
hateful, détestable
head, la tête
heap, le tas
to hear, entendre
help! au secours!
hen, la poule
here is, here are, voici
high, haut
to hit, frapper
holidays, les vacances (*f. pl.*)
home, at home, à la maison
honest, honnête
to hope, espérer
horse, le cheval
hot, chaud
how, comment
how many? how much? combien de?
house, la maison
hurry, to be in a hurry, être pressé
to hurry, se dépêcher

I

ice, la glace
idea, une idée

if, si
in, dans
ink, l'encre (*f.*)
intelligent, intelligent
iron, le fer

J

jam, la confiture
jealous, jaloux(-se)

K

kennel, la niche
kitchen, la cuisine
to know (*a place or a person*), connaître; (*a thing, to know how to*), savoir

L

large, gros(-se)
last, dernier(-ère)
late, en retard
later, plus tard
lawn, la pelouse
lazy, paresseux(-se)
to leave (*to depart*), partir; to leave (*behind*), laisser
leg, la jambe
lemonade, la limonade
to lend, prêter
lesson, la leçon
letter, la lettre
level crossing, le passage à niveau
to lift, lever
light, léger(-ère)
to light, allumer
like, (=*as*), comme
to like, aimer
to listen to, écouter
little (*adj.*), petit; a little (*adv.*) un peu
to live, habiter
long, long(-ue)
to look, to look at, regarder
to look for, chercher
look out! (=*careful!*), attention!
to lose, perdre
lot, a lot, beaucoup

loudly, fort
lovely, beau, belle
luckily, heureusement
luggage, les bagages (*m. pl.*)
lump, le morceau
lunch, le déjeuner

M

magnifying glass, la loupe
to make, faire
to make fun of, se moquer de
man, un homme
many, beaucoup de
master, le professeur
match, une allumette
may, *see* to be able to
meat, la viande
to meet, rencontrer
middle, le milieu; in the middle of, au milieu de
milk, le lait
milkman, le laitier
to miss, manquer
mistress, la maîtresse
money, l'argent (*m.*)
monkey, le singe
moment, le moment
morning, le matin
mouse, la souris
must, to have to, devoir

N

narrow, étroit
naughty, méchant
near, près de
nearly, presque
neither ... nor, ne ... ni ... ni
nephew, le neveu
never, ne ... jamais
never mind! tant pis!
new, neuf(-ve)
nice, gentil(-le)
niece, la nièce
night, la nuit
no (=*not any*), pas de
no longer, ne ... plus
nobody, no one, ne ... personne
noise, le bruit
not at all, pas du tout
nothing, ne ... rien
to notice, remarquer
now, maintenant
nuisance, what a nuisance! la barbe!

O

of, de
to offer, offrir
often, souvent
oh dear! oh! là! là!
old, vieux, vieille; how old are you? quel âge avez-vous?
on, onto, sur
to open, ouvrir; they open, ils ouvrent
over there, là-bas

P

park, le parc
to pass, passer
to pay for, payer
penknife, le canif
people, les gens
pig, le cochon
pistol, le pistolet
pity, what a pity! quel dommage!
plank, la planche
to plant, planter
platform, le quai
to play, jouer
please, s'il vous plaît
pocket, la poche
policeman, un agent
polite, poli
porter, le porteur
postman, le facteur
post office, la poste
pound, la livre
present, le cadeau
pretty, joli
price, le prix
to punish, punir
punishment, la punition

VOCABULARY

pupil, l'élève (*m. or f.*)
to push, pousser
to put, placer, poser, mettre

Q

quickly, vite

R

to rain, pleuvoir
to read, lire
red, rouge
to return (to go back), retourner; (to come back), revenir
river, la rivière
robber, le voleur
rude, mal élevé
to run, courir
to run away, se sauver
to rush, se précipiter

S

sad, triste
sailor, le marin
same, même
sandwich, le sandwich
to say, dire; I say! dites donc!
school, une école
to scold, gronder
sea, la mer
seaside, at the seaside, au bord de la mer
seat, la place
to see, voir
to sell, vendre
to send, envoyer
to set off (for), partir (pour)
several, plusieurs
shall (=*going to*), aller + *infinitive*
to shine, briller
shirt, la chemise
shoe, le soulier
shop, le magasin
to shout, crier
to show, montrer
sir, monsieur

sister, la sœur
to skate, patiner
sky, le ciel
slow, lent
to slow down, ralentir
small, petit
smoke, la fumée
to snore, ronfler
to snow, neiger
snowball, la boule de neige
sock, la chaussette
soldier, le soldat
so many, tant de
sometimes, quelquefois
soon, bientôt
sorry! pardon!
to speak, parler
to spend, passer
to spit, cracher
spot (*place*), un endroit; (*mark*), la tache
to squeak, grincer
stale, rassis
stamp, le timbre
stand up! levez-vous!
to start (=*begin*), commencer; (*set off*), partir
to stay, rester
stop (bus stop), un arrêt
to stop, s'arrêter
story, une histoire
street, la rue
string, la ficelle
to stroke, caresser
strong, fort
stupid, stupide
sugar, le sucre
suitcase, la valise
summer holidays, les grandes vacances (*f. pl.*)
sun, le soleil
sweet, le bonbon

T

table, la table
tail, la queue
to take, prendre

tea, le goûter
teacher, le professeur
to tell, dire, raconter
temper, la colère
tempered, bad tempered, de mauvaise humeur; good tempered, de bonne humeur
terrible, terrible
than, que
thank you, merci
then, puis
there, là, y
there is, there are, voilà
thin, mince
Thursday, jeudi; on Thursdays, le jeudi
ticket (*bus*), le ticket; (*train, cinema*), le billet
tie, la cravate
time (*how often*), la fois; in time, à temps; every time, chaque fois; what time is it? quelle heure est-il?
to-day, aujourd'hui
too, too much, too many, trop
to touch, toucher
train, le train
traveller, le voyageur
to try (to), essayer (de)
to turn, tourner

U

uncle, un oncle
under, sous
useful, utile

V

very, très
to visit, visiter

W

to wag, remuer
to wait, attendre
to wake up, se réveiller
walk, la promenade; to go for a walk, faire une promenade
wall, le mur
to want, vouloir
to wash (*intrans.*), se laver
watch, la montre
to watch, regarder
water, l'eau (*f.*)
to wave, agiter
way, le chemin
to wear, porter
weather, le temps
well, bien
what? (*pron.*), que? qu'est-ce que?; (*adj.*), quel? quelle? *etc.*
wheel, la roue
when, quand
where, où
which (*pron.*), qui, que; which? (*adj.*), quel? quelle? *etc.*
while, pendant que
white, blanc(-che)
who? qui?
why? pourquoi? why not? pourquoi pas?
wide, large
will (=*going to*), aller + *infinitive*
will you ... ? voulez-vous?
windmill, le moulin
window, la fenêtre
windy, it is windy, il fait du vent
wine, le vin
winter, l'hiver (*m.*)
work, le travail
to work, travailler
to write, écrire

Y

yellow, jaune
yes, oui, si

Z

zoo, le zoo